Lamanère

Table des itinéraires

Vallespir sud et autour d'Ull de Ter

1. Roc de Frausa occidental — 12

2. Pilon de Belmatx - Serre de Montner — 15

3. Col de Malrems
4. Baga de Bordellat — 18

5. Les tours de Cabrens — 21

6. Notre-dame du Corral
7. Puig de call Pubill — 24

8. La tour du Mir — 27

9. Le Costabonne — 31

10. Pic du Géant
11. Gra de Fajol — 34

12. De Nuria à Ull de Ter 36

13. D'Ull de Ter à Nuria 39

Conflent et de massif du Madres

14. Col Mitja
15. Pic Redoun
16. Pic de Gallinas
17. Refuge du ras de la Carança 42

18. Pla dels Bocs
19. Pic de Nou Fonts 44

20. Gorges de la Carança
21. Refuge du ras de la Carança 47

22. Pic del Gegant - pic de l'Enfer 50

23. Estany de Carança
24. Pic de l'Enfer 53

25. Pic de tres Esteles 55

26. Roc Colom 58

27. Le circuit du Coronat 61

28. Boucle au nord-est de Mosset 64

29. Serre d'Escales - col de Jau 67

30. Dourmidou 70

31. Madres 72

Notre-Dame du Corral

Massif du Canigou

32. Pic Gallinasse
33. Serra del roc Negre   75

34. Tres Vents   77

35. Col des Boucacers
36. Rougeat   80

37. Le pic du Canigou depuis le chalet des Cortalets
38. Le pic du Canigou par la crête du Barbet   83

39. Le pic du Canigou depuis Batère   85

40. Le pic du Canigou en boucle depuis Mariailles   88

41. Le pic du Canigou depuis Vernet   91

42. Le pic du Canigou depuis Taurinya   94

43. Le pic du Canigou depuis Los Masos   96

Le tour du Canigou

44. De Mariailles aux Cortalets   98

45. Des Cortalets à Batère   100

46. De Batère à Saint-Guillem   102

47. De Saint-Guillem à Mariailles   106

Vers le col Mitja

QUATRE PORTRAITS POUR APPRECIER VOTRE NIVEAU

La plupart des guides classent les randonnées en trois niveaux : facile, moyen, difficile. Or une telle distinction ne prend pas en compte le fait que ce qui est facile pour l'un peut s'avérer difficile pour un autre.
Afin de vous permettre, à tout moment, de choisir l'itinéraire qui vous convient le mieux, nous vous proposons une évaluation plus adéquate.

Voici, tracés à grands traits, quatre portraits. L'un d'entre eux cerne approximativement votre aptitude, et il vous permet ainsi d'entreprendre et surtout d'apprécier une randonnée à votre niveau.

Le code couleur de chacun des portraits apparaît sur les profils de course et en filigrane tout le long des textes descriptifs.

Premier portrait :
- Votre forme physique est moyenne,
- Vous n'avez pas d'expérience de la marche,
- Vous ne connaissez pas votre endurance,
- Vous n'avez pas l'habitude de la montagne,
- Vous ne savez ni vous orienter, ni vous servir d'une carte,
- Vous n'avez pas de chaussures adaptées à la longue marche ou à la randonnée, mais seulement des chaussures de sports (tennis, basket) convenant à la promenade.

Vous êtes un promeneur. Code couleur : bleu

Vous pouvez donc envisager d'entreprendre les itinéraires que nous avons choisis pour les promeneurs.
Toutefois, tout au début, surtout en famille, n'excédez pas trois heures de marche, montée et descente étant considérées comme ayant une durée égale.
Pour ce qui est des arrêts, nous conseillons une escale de dix minutes toutes les heures de marche et, une fois arrivé à destination, un temps à votre convenance.

Second portrait :
- Vous êtes en assez bonne forme physique,
- Vous pouvez marcher en plaine ou en coteau plusieurs heures sans problèmes,
- Vous n'avez jamais abordé la montagne,
- Votre connaissance de la montagne reste très superficielle,
- Vous ne savez pas encore bien vous orienter,
- Vous avez des chaussures de marche et dans un petit sac à dos un équipement succinct (eau, nourriture, vêtements chaud et de pluie).

Vous êtes un marcheur. Code couleur : violet

Vous pouvez alors envisager d'aller vous balader sur les itinéraires marcheurs qui prolongent parfois ceux des promeneurs, et ainsi accéder à d'autres destinations.
Si le passage de promeneur à marcheur est, hormis l'équipement, progressif et

variable pour chacun, en l'abordant évitez les balades de plus de cinq heures tout en considérant que la descente se fera approximativement quinze à vingt pour cent plus rapidement que la montée.

Quant aux arrêts c'est à vous de les choisir mais ils peuvent être d'environ cinq minutes par heure de marche.

Troisième portrait :

- Vous êtes en bonne forme physique,
- Vous avez l'expérience courante de la moyenne montagne,
- Vous êtes correctement équipé : chaussures de montagne, sac à dos,
- Vous savez vous orienter et utiliser la carte,
- Sortir des sentiers tracés et balisés ne vous effraie plus.

Vous êtes un randonneur. Code couleur : rouge

Alors la plupart des itinéraires vous attendent dans un domaine relativement plus difficile, surtout par temps de brouillard, que celui parcouru en tant que marcheur.

Ces randonnées réclament parfois plus de huit heures de marche, en sachant que souvent la descente, si elle se fait par le même parcours, prend environ les trois-quarts du temps signifié par l'auteur pour la montée.

Les arrêts sont à juger selon votre bon plaisir et conditionnés par les contraintes climatiques : chaleur, orages, vent violent, etc., qu'il ne faut pas négliger dans les Pyrénées orientales.

Quatrième portrait :

- Vous avez l'expérience de la haute montagne,
- Vous y partez fréquemment,
- Vous savez vous servir d'un piolet et passer des névés,
- Sans être à proprement parler adepte de l'escalade, vous êtes capable d'utiliser vos mains lorsque la corde d'assurance n'est pas indispensable, pour le plaisir de faire du rocher.

Vous êtes un randonneur expérimenté. Code couleur : brun

Tous les itinéraires de ce guide vous sont ouverts et, dans les Pyrénées Orientales, sauf conditions climatiques exceptionnelles, les longues courses de plus de huit heures, les nombreuses possibilités de traversées, les parcours de hautes crêtes vous sont réservés.

Mieux chaussé, plus entraîné, votre capacité à évoluer en tous terrains font que votre temps de descente est de trente pour cent inférieur à celui de la montée.

Vous êtes-vous reconnu dans l'un de ces portraits ?
Ou vous situez-vous entre l'un ou l'autre ?

Pour choisir la balade qui vous convient, soyez modeste et n'oubliez jamais que la durée constitue un élément supplémentaire de difficulté.

Et maintenant bonne
promenade... balade... randonnée... course...

Termes usuels et toponymie catalane

CAIRN Petit tas de pierre servant de balisage d'itinéraire
COMBE Petit vallon
RIVE DROITE OU GAUCHE Rive désignée en regardant dans le sens descendant du torrent ou de la vallée

PRONONCIATION EN CATALAN

U se prononce **OU**
A final est un son entre le **A** et le **E**
V se prononce **B**

X se prononce **CH**
LL se prononce **YEU**
IG se prononce **ITCH**

TOPONYMIE CATALANE

AVALL	En bas
BAC	Versant au nord
BARRANC	Ravin
BASSE	Etang marécageux
CAMI	Chemin
CLOT	Sorte de cuvette
COLL	Col
COLLET	Petit col
COUMA, COUME	Combe
CREU	Croix
ESTAGNET, ESTAGNO, ESTANYOL	Petit lac
ESTANY	Lac
FEIXA	Clairière
FONT	Source, fontaine
GORG	Petit lac
JAÇA, JASSE	prairie utilisée pour parquer le bétail
NEU	Neige
NOU	Neuf

Trèfle rougeâtre

ORRI, ORRY	Cabane de berger en pierres sèches
PAS	Passage
PLA	Replat
PORTELLA	Col
PRAT	Pré, prairie
PUIG	Sommet, pic
RAS	Etendue plate
REC	Ruisseau
RIU	Rivière
SARRAT, SERRAT	Crête rocheuse
SOLANA, SOULA	Versant au sud
TORRE	Tour
TOSSE	Petit sommet
VACA	Vache

Doronic Pardalianche

Gîtes d'étapes et refuges

Itinéraires 3 à 7
Centre d'accueil de Lamanère,
50 places, restauration.
Tél. 68 39 63 50.

Itinéraires 6 - 7
Gîte d'étape de Notre-Dame du Corral,
30 places.Tél. 68 39 75 00.

Itinéraire 9
Rando'Plume Las Conques, La Preste,
12 places.Tél. 68 39 23 49.

Itinéraires 10 - 11 - 12 -13
Refuge d'Ull de Ter,
80 places, ouvert tout l'été
et en période de vacances scolaires.
Tél. (972) 22 60 35.

Itinéraires 14 à 17 - 20 à 24
Refuge du Ras de la Carança,
30 places, restauration,
ouvert du 15.06 au 15.09.
Tél. 68 30 33 52.

Itinéraire 25
Gîte d'étape d'Escaro,
15 places.
Tél. 68 97 01 77.

Itinéraire 26
Gîte d'étape de Mantet,
15 places. Tél. 68 05 60 99.
Gîte d'étape La Cavale,
Tél. 68 05 51 76.

Itinéraire 29
Refuge du Calhau,
25 places, gardé en période de
vacances scolaires
et sur réservation.
Tél. 68 05 00 37 ou 68 05 00 06.

Itinéraires 32 - 33 - 39
Gîte d'étape de Batère.
Voir page 105

Itinéraires 35 - 36
Refuge pastoral des Estables.

Itinéraires 37 à 43
Chalet des Cortalets.
Voir page 100

Itinéraire 40
Refuge de Mariailles.
Voir page 98
Refuge de Bonne-Aigue.
Voir page 98

Itinéraire 41
Gîte d'étape de Vernet-les-Bains.
32 places. Tél. 68 05 53 25.

Itinéraire 44
Refuge de Mariailles.
Voir page 98
Refuge de Bonne-Aigue.
Voir page 98
Refuge des Cortalets.
Voir page 100

Itinéraire 45
Chalet des Cortalets.
Voir page 100
Gîte d'étape de Batère.
Voir page 105

Itinéraire 46
Gîte d'étape de Batère.
Voir page 105
Refuge de Saint-Guillem, non gardé,
abri sommaire sans bât-flanc.

Itinéraire 47
Refuge de Saint-Guillem, non gardé
abri sommaire sans bât-flanc.
Refuge pastoral des Estables, non
gardé.
Refuge du pla Guillem, non gardé,
15 places.
Refuge de Mariailles.
Voir page 98

Comment utiliser le Guide Rando

→ Aller/Retour
⭘ Boucle
•→ Traversée

Ce cartouche contient les informations sur les dénivelés ascendants par destination, les mentions sur les difficultés de parcours éventuelles et, le cas échéant, indication d'un refuge situé sur l'itinéraire

Temps de marche aller et retour

Temps de marche aller

Départ

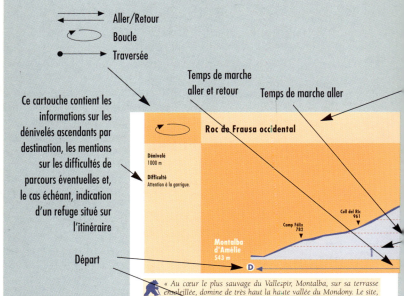

Accès automobile

Cartes utiles à l'itinéraire

« Au cœur le plus sauvage du Vallespir, Montalba, sur sa terrasse ensoleillée, domine de très haut la haute vallée du Mondony. Le site, au terme d'une route solitaire de gorges et de maquis, est saisissant d'isolement et de silence. » (Yves Hoffmann, Roussillon). Tout pourrait déjà être dit de ces lieux d'exception. Le reste est affaire de dilatation des sens. Sachez quand même que sur la crête frontière, deux éminences de 1450 et 1417 m revendiquent le nom prestigieux de Roc de France ! Quand on sait que, versant espagnol, coule le ruisseau de Frausa, on devine que le terme a été francisé et qu'il faut dire roc de Frausa, en précisant au besoin « occidental » ou « oriental ».

🚗 A l'extrémité ouest d'Amélie-les-Bains, monter, sensiblement vers le sud, par la D 53 conduisant à Montalba d'Amélie, à 8 km.

D ___ **Montalba d'Amélie** 543 m.
Avec le balisage rouge et blanc du GR 10 (à suivre pendant trois heures), redescendre la route d'accès pendant dix minutes et, après un pont (530 m), gravir un sentier à droite.
Piste conduisant au mas Can Felix : l'emprunter intégralement (à 610 m, à la bifurcation, faire bien attention de prendre à gauche, au nord-ouest) ou mieux, suivre les balises du GR 10.

1h10 Can Felix 782 m. Qu'on y arrive par la piste ou par le sentier balisé, il faut contourner ce mas et ses dépendances, très à l'écart, par en-dessous, pour éviter tout incident avec ses occupants.
Bien balisé, le sentier se poursuit ensuite à flanc, en légère montée.
A 900 m, laisser, en contrebas à droite, le Cortal de la Garrigue.

1h10 Coll del Ric 961 m. Le sentier grimpe sévèrement vers le sud-sud-est, d'abord pleine crête, puis flanc ouest du Puig de la Pourasse.
A 1220 m, il se repose un peu, toujours flanc droit (ouest).
A 1240 m, remonter la crête vers le sud.
A un collet (1300 m), laisser le GR 10 partir flanc gauche et ignorer un sentier balisé en vert filant flanc droit : gravir intégralement la crête.

12

Carte de randonnées n° 10 Canigou-Vallespir ou n° 11 Roussillon, au 1 : 50 000. Carte IGN n° 2449 OT Céret-Amélie, au 1 : 25 000.

8

Profil
Visualisation d'un seul coup d'œil des montées et descentes des balades ; les profils sont à la même échelle, donc comparables, et vous aident à choisir vos destinations.

Destination

Numéro de l'itinéraire

Temps de marche en cas de boucle

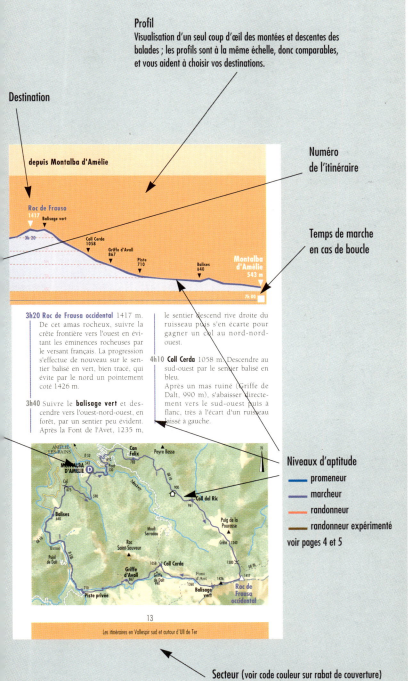

3h20 Roc de Frausa occidental 1417 m. De cet amas rocheux, suivre la crête frontière vers l'ouest en évitant les éminences rocheuses par le versant français. La progression s'effectue de nouveau sur le sentier balisé en vert, bien tracé, qui évite par le nord un pointement coté 1426 m.

3h40 Suivre le **balisage vert** et descendre vers l'ouest-nord-ouest, en forêt, par un sentier peu évident. Après la Font de l'Avet, 1235 m, le sentier descend rive droite du ruisseau puis s'en écarte pour gagner un col au nord-nord-ouest.

4h10 Coll Cerda 1058 m. Descendre au sud-ouest par le sentier balisé en bleu.
Après un mas ruiné (Griffe de Dalt, 990 m), s'abaisser directement vers le sud-ouest puis à flanc, très à l'écart d'un ruisseau laissé à gauche.

Niveaux d'aptitude
— promeneur
— marcheur
— randonneur
— randonneur expérimenté
voir pages 4 et 5

Les itinéraires en Vallespir sud et autour d'Ull de Ter

Secteur (voir code couleur sur rabat de couverture)

Itinéraires par niveau et temps de marche

Niveau	Itinéraire	Temps de montée	Temps de montée plus descente	Aller et retour ou boucle
Promeneur				
	3	1h30	2h30	A.et R.
	5	1h35	3h00	Boucle
	6	1h30	2h30	A.et R.
	18	1h45	3h00	A.et R.
	20	1h50	3h30	A.et R.
	35	1h40	2h50	A.et R.
	37	1h50	3h10	A.et R.
Marcheur				
	1	3h20	7h00	Boucle
	2	2h30	6h30	Boucle
	4	3h30	6h00	Boucle
	5		4h30	Boucle
	7	3h10	5h00	Boucle
	8	2h30	4h30	A.et R.
	10	2h45	5h20	Boucle
	14	2h45	4h45	A.et R.
	15	3h30	6h00	A.et R.
	16	3h30	6h00	A.et R.
	17	3h45	7h30	A.et R.
	21	3h30	6h15	A.et R.
	26	3h00	5h30	A.et R.
	27		5h30	Boucle
	29	2h45	4h30	A.et R.
	30	2h45	4h15	Boucle
	31	3h00	5h00	A.et R.
	32	2h45	4h30	A.et R.

Niveau	Itinéraire	Temps de montée	Temps de montée plus descente	Aller et retour ou boucle
Randonneur				
	8	2h30	6h45	Boucle
	9	4h15	6h45	Boucle
	12		5h15	Traversée
	13		7h15	Traversée
	19	3h45	8h15	Boucle
	21	3h30	7h30	Boucle
	22	3h00	5h00	A.et R.
	22	4h30	8h00	Boucle
	23	1h45	3h00	A.et R.
	24	4h00	7h00	A.et R.
	25	4h00	6h30	Boucle
	26	3h00	6h15	Boucle
	28		5h00	Boucle
	29	2h45	8h30	Boucle
	31	3h00	6h00	Boucle
	33	4h15	7h30	A.et R.
	34	4h30	7h45	A.et R.
	36	3h15	6h45	Boucle
	38	2h15	3h30	Boucle
	39	7h10	12h30	A.et R.
	40	3h45	8h30	Boucle
	41	6h30	11h00	A.et R.
	42	6h30	11h15	A.et R.
	43	5h30	9h30	A.et R.
	44		6h15	Traversée
	45		4h00	Traversée
	46		7h15	Traversée
	47		6h30	Traversée
Randonneur Expérimenté				
	11	4h00	6h00	Boucle

Roc de Frausa occidental

Dénivelé
1000 m

Difficulté
Attention à la garrigue.

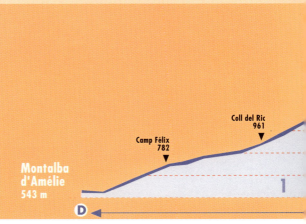

« Au cœur le plus sauvage du Vallespir, Montalba, sur sa terrasse ensoleillée, domine de très haut la haute vallée du Mondony. Le site, au terme d'une route solitaire de gorges et de maquis, est saisissant d'isolement et de silence. » (Yves Hoffmann, Roussillon). Tout pourrait déjà être dit de ces lieux d'exception... Le reste est affaire de dilatation des sens. Sachez quand même que sur la crête frontière, deux éminences de 1450 et 1417 m revendiquent le nom prestigieux de Roc de France ! Quand on sait que, versant espagnol, coule le ruisseau de Frausa, on devine que le terme a été francisé et qu'il faut dire roc de Frausa, en précisant au besoin « occidental » ou « oriental ».

A l'extrémité ouest d'Amélie-les-Bains, monter, sensiblement vers le sud, par la D 53 conduisant à Montalba d'Amélie, à 8 km.

D **Montalba d'Amélie** 543 m. Avec le balisage rouge et blanc du GR 10 (à suivre pendant trois heures), redescendre la route d'accès pendant dix minutes et, après un pont (530 m), gravir un sentier à droite.
Piste conduisant au mas Can Felix : l'emprunter intégralement (à 610 m, à la bifurcation, faire bien attention de prendre à gauche, au nord-ouest) ou mieux, suivre les balises du GR 10.

1h10 Can Felix 782 m. Qu'on y arrive par la piste ou par le sentier balisé, il faut contourner ce mas et ses dépendances, très à l'écart, par en-dessous, pour éviter tout incident avec ses occupants.
Bien balisé, le sentier se poursuit ensuite à flanc, en légère montée.
A 900 m, laisser, en contrebas à droite, le Cortal de la Garrigue.

1h10 Coll del Ric 961 m. Le sentier grimpe sévèrement vers le sud-sud-est, d'abord pleine crête, puis flanc ouest du Puig de la Pourasse.
A 1220 m, il se repose un peu, toujours flanc droit (ouest).
A 1240 m, remonter la crête vers le sud.
A un collet (1300 m), laisser le GR 10 partir flanc gauche et ignorer un sentier balisé en vert filant flanc droit : gravir intégralement la crête.

12

Carte de randonnées n° 10 Canigou-Vallespir ou n° 11 Roussillon, au 1 : 50 000. Carte IGN n° 2449 OT Céret-Amélie, au 1 : 25 000.

depuis Montalba d'Amélie

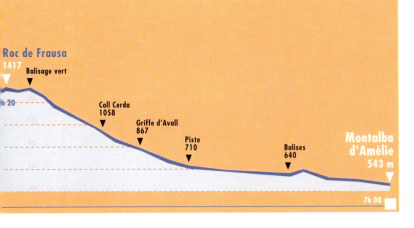

4h20 Roc de Frausa occidental 1417 m. De cet amas rocheux, suivre la crête frontière vers l'ouest en évitant les éminences rocheuses par le versant français. La progression s'effectue de nouveau sur le sentier balisé en vert, bien tracé, qui évite par le nord un pointement coté 1426 m.

h40 Suivre le **balisage vert** et descendre vers l'ouest-nord-ouest, en forêt, par un sentier peu évident. Après la Font de l'Avet, 1235 m, le sentier descend rive droite du ruisseau puis s'en écarte pour gagner un col au nord-nord-ouest.

4h10 Coll Cerda 1058 m. Descendre au sud-ouest par le sentier balisé en bleu.

Après un mas ruiné (Griffe de Dalt, 990 m), s'abaisser directement vers le sud-ouest puis à flanc, très à l'écart d'un ruisseau laissé à gauche.

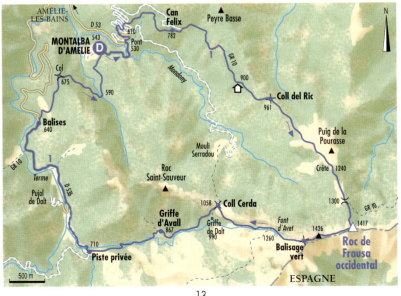

Les itinéraires en Vallespir sud et autour d'Ull de Ter

4h35 Griffe d'Avall 867 m. Ne pas plonger dans le ravin au sud-ouest comme y invitent certaines cartes : suivre scrupuleusement le balisage bleu, à flanc, d'abord vers le nord-ouest et toujours très au-dessus du ruisseau.

5h15 A 710 m, descendre par une **piste** privée vers la droite.
Au bout d'un quart d'heure, suivre vers le nord la D 53 b.
Un quart d'heure de plus et le GR 10 débouche par la gauche.

5h50 Suivre les **balises** et gravir le sentier à droite de la chaussée (640 m).
Après un col (675 m) le sentier monte encore un peu vers l'est puis descend. On ne tarde pas à découvrir Montalba d'Amélie dont nous sépare un vallon que nous franchissons à 590 m.

7h00 Montalba d'Amélie 543 m.

Le Roc Saint-Sauveur vu de Montalba d'Amélie

Pilon de Belmatx - Serre de Montner
depuis Arles-sur-Tech

Dénivelé
1200 m

Difficulté
Attention à la garrigue.

Abbaye d'Arles-sur-Tech

Arles-sur-Tech est au cœur du Vallespir. L'église et le cloître constituent - à l'état original - un des plus remarquables ensembles de l'art médiéval religieux du Roussillon. Autour de la petite ville, les vergers de pommiers, cerisiers et pêchers constituent la trame harmonieuse du paysage. Avant de vous en aller à l'aventure des crêtes, faites provision de rousquilles (petit gâteau rond au citron, nappé de sucre glace), les beaux coups d'œil sur le Vallespir que procure la Serre de Montner n'en seront que mieux appréciés.

Arles-sur-Tech. De la gare routière (270 m) descendre au nord-est le cami de la battlia, rue qui vire rapidement à gauche (nord) puis à droite (est) vers le Tech qu'enjambe une passerelle (265 m).

Monter ensuite par une ruelle cimentée, pendant une minute, en direction de l'est-sud-est. Prendre un sentier à droite (sud), traverser le lit d'un ruisseau généralement à sec et s'élever vers le sud-sud-est. Il s'agit en fait de suivre les balises du GR 10.

Fait suite un chemin herbeux, entre les fourrés.

Ne pas manquer, à gauche (est), le discret sentier passant sous les fils électriques. On arrive à l'aplomb d'un ruisseau souvent à sec que l'on monte vers le sud-est. Fait suite un sentier sinueux, encombré par la végétation.

0h20 A 320 m, on prend pied sur la petite **route de Can Balent** : l'utiliser sur trente mètres vers la droite et prendre à gauche (sud-est) une traverse évitant une boucle de la route que nous emprunterons encore sur cinquante mètres.

Prendre un sentier à gauche (est) et, deux minutes plus tard, à la bifurcation, gravir à droite (sud-ouest) un sentier raviné mais net, s'élevant en lacet, sur un éperon, en gros vers le sud-est.

1h00 Le sentier passe **flanc gauche** et bifurque cinq minutes plus tard : emprunter la branche de droite (sud) qui reprend l'ascension en lacet.

A 800 m, le sentier se repose à flanc, presque horizontalement, sous les châtaigniers.

A la bifurcation (810 m), monter à droite, vers le sud-est.

Carte de randonnées n° 10 Canigou-Vallespir ou n° 11 Roussillon, au 1 : 50 000. Carte IGN n° 2449 OT Céret-Amélie, au 1 : 25 000.

Pilon de Belmatx - Serre de Montner

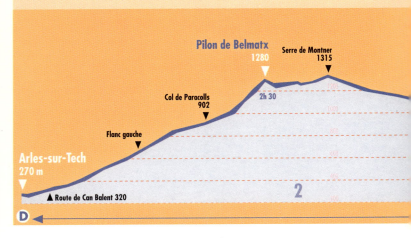

1h40 **Col de Paracolls** 902 m. Abandonner le GR 10 pour gravir au sud-ouest un sentier de crête qui prend rapidement de l'altitude.
A 960 m, la pente s'atténue pendant quelques minutes puis remonte raidement.

2h30 **Pilon de Belmatx** 1280 m. Suivre vers le sud-ouest puis le sud un sentier ondulant sur le fil de l'éperon, entre rochers et buissons.
Après quelques rochers amusants, le sentier en évite d'autres, plus sérieux, par la droite.
Le sentier retrouve la crête et, très net, file à travers les broussailles.
A 1270 m, monter vers le sud par un chemin que suit une clôture.

3h00 Point haut de la **Serre de Montner**, 1315 m (puig de la Seignoural). Suivre la clôture vers le sud-ouest.
Au col de la Seignoural (1185 m), continuer par le chemin vers l'ouest puis vers le nord-nord-est.
De l'ancienne construction de la mine de giobertite (1141 m), le chemin descend, d'abord vers le sud-ouest, puis en gros vers le nord-ouest, à flanc. A 952 m, laisser un embranchement à droite (sud-est) et continuer par la piste.

3h50 **Bifurcation** 933 m : aller à droite (nord-est) vers Falgas, à dix minutes.
Laisser ce mas (912 m) à gauche et continuer vers l'est par le chemin qui s'incurve vers la gauche (nord-ouest) et descend.
A 780 m, cent mètres avant les installations d'un camp de naturistes, abandonner le chemin principal pour un autre à droite (nord-est) vers un poteau téléphonique : ce chemin est herbeux et ombragé.

4h50 Bifurcation à proximité d'une **tour ruinée** (742 m. à gauche) : prendre la branche de droite (sud-est) balisée en jaune-orange et de taches rouge avec points blanc.
Cinq minutes après, à une nouvelle bifurcation (720 m) aller à gauche (est).
Replat (682 m) : passer sous les câbles de l'ancienne mine.
Ensuite le sentier descend à flanc, vers le sud.
A 670 m, ne pas traverser le ruisseau mais descendre par le sentier de la rive gauche.
Vingt minutes plus tard, à 520 m il remonte un peu puis descend.

depuis Arles-sur-Tech

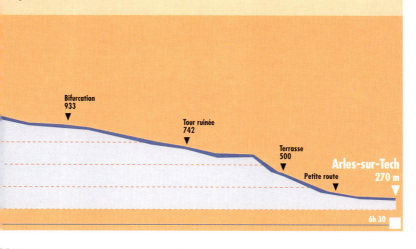

5h10 Terrasse 500 m. Croisement d'itinéraires. Descendre vers le nord-est, passer sous, puis sur les

câbles transporteurs et, à la bifurcation, aller à gauche (nord).

A une nouvelle bifurcation (470 m), prendre vers la gauche (nord-ouest).

On laisse un puits à neige sur la gauche et, en contrebas à droite (est) une cascade (Salt de Maria Valenta).

A la bifurcation (390 m), aller à gauche (ouest).

A 340 m, nous trouvons une prise d'eau et un bassin cimenté, à notre droite.

5h50 Petite route à emprunter trois minutes vers la droite (nord).

A la bifurcation, choisir la branche de gauche (ouest) qui s'incurve vers la droite (nord), s'approche du Tech et s'en écarte vers le nord-est.

A la bifurcation située avant le stade, prendre à gauche si on désire franchir le pont de Can Bia (295 m).

On trouve ensuite la D 115, un kilomètre à l'ouest du centre d'Arles.

6h30 Gare routière d'Arles-sur-Tech.

Col de Malrems - Baga de Bordellat

Dénivelé
Col de Malrems : 350 m
Baga de Bordellat : 700 m

Difficulté
Ne pas entreprendre autrement que par temps clair.

🏠 voir info refuge

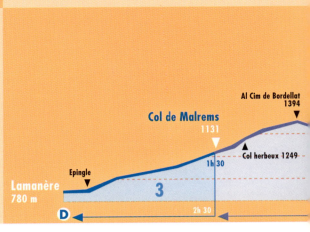

Si vous êtes collectionneurs d'extrêmes, en voici un : vous êtes ici à l'endroit le plus méridional de l'hexagone, Corse mise à part bien entendu. Vous touchez là et la France et l'Espagne, d'un même regard, d'un même pas. Du col de Malrems, les six kilomètres de crête frontière offrent des vues magnifiques, tant vers le sud que sur le massif du Canigou.

🚗 11,5 km en amont d'Arles-sur-Tech (D 115), prendre à gauche vers Serralongue, puis poursuivre la D 44 sur sept kilomètres jusqu'à Lamanère. Traverser le village, descendre la « Carrer de Santa Cristina », simple prolongement de la D 44 vers Notre-Dame du Corral. Passer le pont sur le ruisseau de la Saladou et faire encore cent vingt mètres avant de garer la voiture à proximité d'un hangar, à gauche de

D _____ **Hangar**. Continuer par la chaussée. Après un nouveau pont, à la bifurcation, prendre à gauche (sud) vers Notre-Dame du Corral.

0h10 Quitter la chaussée dans une **épingle**, gravir à gauche un raidillon (nord-ouest) pour prendre pied sur un bon chemin filant vers le sud-ouest.

Au bout d'un quart d'heure, laisser une ruine à droite et une bergerie à gauche. Le chemin traverse ensuite une région rougeâtre, très ravinée, franchit deux ruisselets et se prolonge horizontalement au-dessus du pla de la Coume. Il coupe un premier ruisseau puis un autre, au-dessus d'une cascade (quand il y a de l'eau !) et bifurque : monter à droite (sud-ouest) pendant une demi-heure à travers les buis.

1h30 Col de Malrems 1131 m (borne frontière 521). Partir dans l'herbe, presque horizontalement vers l'est-sud-est, pour trouver un sentier montant en forêt.

D'un petit col (Collade Fonde, 1180 m) gravir la crête frontière à l'est.

Après avoir dominé quelques abrupts à droite, s'écarter du fil pour emprunter le versant espagnol et atteindre une zone herbeuse, sur la frontière.

2h00 Col herbeux 1249 m, dominé au

Carte de randonnées n° 10 Canigou-Vallespir ou n° 11 Roussillon, au 1 : 50 000. Carte IGN n° 2449 OT Céret-Amélie, au 1 : 25 000.

depuis Lamanère

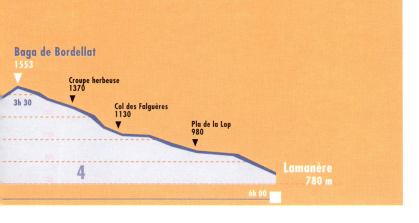

sud-est par un important ressaut boisé. Monter vers l'est en utilisant un cheminement dans la hêtraie, côté français. Poursuivre l'ascension en se rapprochant progressivement de la crête.

A 1327 m on retrouve le fil de la crête, maintenant propre. Un peu plus haut, elle se couvre d'une végétation arbustive non piquante.

2h30 Al Cim de Bordellat 1394 m. Poursuivre en légère descente, parfois un peu à gauche du fil, dans la hêtraie française puis, dans l'herbe espagnole, horizontalement.

D'un collet herbeux (1330 m), gravir ou feinter par la droite une petite éminence.

D'un autre collet (à cinq minutes du précédent), éviter par la gauche un nouveau mamelon frontière.

On retrouve la crête à 1325 m (cairn) : continuer un peu à gauche du fil dans les hêtres et les buis du côté français.

D'un col herbeux (1325 m), serpenter dans l'herbe pour s'élever sur la crête, propre mais redressée.

Les itinéraires en Vallespir sud et autour d'Ull de Ter

Encore une demi-heure et on trouve un faux-sommet (1550 m). La crête descend un peu, remonte et devient escarpée : contourner les rochers par le flanc nord.

Une croix (1550 m) précède le point culminant, à deux minutes.

3h30 Colonne espagnole sur le sommet : **Baga de Bordellat** 1553 m. Continuer par la crête frontière. Vers 1460 m, elle descend assez fortement (vague sente dans la hêtraie).

Continuer la descente dans l'herbe.

A 1400 m, la crête marque un palier et s'abaisse à nouveau.

3h30 Croupe herbeuse 1370 m, presque horizontale. Attention : il ne faut surtout pas continuer par cette crête frontière (surtout en cas de brouillard) qui devient accidentée et conduit dans une direction opposée au bon itinéraire ! Suivre des cairns vers le nord-est pour trouver un sentier descendant vers le nord-ouest dans la hêtraie française. Ce sentier vire ensuite à droite (est) entamant une série de lacets : il est bien marqué, mais la pente est raide et des feuilles dissimulent parfois des roches glissantes.

A 1200 m, coude d'un large chemin forestier : le descendre.

4h40 Col des Falguères : c'est en fait une sorte de plateau où le point bas (1130 m) n'est pas évident ! (La borne frontière 522 se trouvant sur un petit dôme de 1139 m).

Le chemin se prolonge vers le nord-ouest : d'abord herbeux puis caillouteux il descend entre les conifères.

A 980 m, au pla de la Lop, laisser à gauche un embranchement destiné au mas de l'Auline. Peu après, passer devant une maisonnette puis une bicoque.

On ne tarde pas à apercevoir la chapelle Sainte-Christine, précédée par une prairie clôturée qu'il faut contourner par la droite.

De la chapelle, 950 m, emprunter l'ancien chemin pendant deux minutes vers l'ouest-nord-ouest puis descendre un sentier à droite (nord-ouest).

6h00 Lamanère.

Remarque

. Il serait très imprudent de vouloir descendre directement plein nord entre les repères horaires 2h30 et 4h10 : il y a en effet des barres rocheuses impressionnantes et très dangereuses.

Lamanère

Les Tours de Cabrens
depuis Lamanère

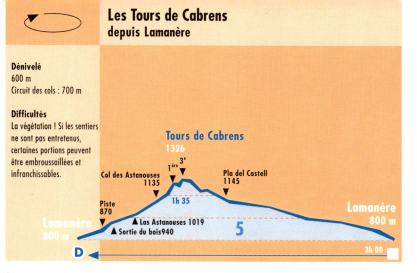

Dénivelé
600 m
Circuit des cols : 700 m

Difficultés
La végétation ! Si les sentiers ne sont pas entretenus, certaines portions peuvent être embroussaillées et infranchissables.

Lamanère porte le titre de village le plus au sud de la France continentale. De ce village entouré de monts arides part un petit circuit vers les trois tours de Cabrens, vestiges d'un château du IXe siècle. Dominant de profonds ravins, elles surveillent tout le Vallespir et constituent un ensemble étrange où la féodalité vient chatouiller l'imaginaire ; l'une d'elles aurait servi de prison.

11,5 km en amont d'Arles-sur-Tech (D 115), prendre à gauche vers Serralongue et continuer (D 44) jusqu'à Lamanère, distant de 7 km.

Lamanère 800 m. Entre l'église et la mairie, gravir vers l'est-nord-est une ruelle (Carrer de Dalt) et suivre le balisage bleu. Laisser à gauche le « Repère des Traboucaires » et s'élever vers l'est-sud-est par une autre ruelle (Carrer de la Font de Dalt).
Avant une placette, monter à gauche par un large chemin pavé puis cimenté et à nouveau pavé avant de devenir herbeux et pratiquement horizontal.

0h10 A 870 m on trouve une **piste** : la suivre sur quarante mètres vers la gauche (nord-ouest) et monter à droite (nord) pour trouver un sentier filant vers le nord-nord-ouest et rattrapant l'ancien sentier que nous remonterons vers la droite (est), bien net dans la forêt.

0h20 A la **sortie du bois** 940 m, traverser vers le nord-est une clairière avec genêts et fougères. L'itinéraire se poursuit en sous-bois vers le nord-est et devient presque horizontal (970 m).
Refermer une barrière et contourner par la gauche une dépression herbeuse pour trouver la piste d'accès à la ferme des Astanouses (bonne table d'hôte : 68 39 63 41).

0h35 Las Astanouses 1019 m. Au nord de la ferme, gravir, dans les rochers, un cheminement de bétail afin de trouver (à 1045 m), et suivre vers le nord-est, un large chemin que les genêts ont tendance à envahir !
Tout en suivant le balisage, continuer à zigzaguer vers le col des Astanouses.

Carte de randonnées n° 10 Canigou-Vallespir, au 1 : 50 000. Carte IGN n° 2349 ET massif du Canigou, au 1 : 25 000.

1h00 Col des Astanouses 1135 m. Monter par une piste vers le nord-est. (Au bout de six minutes, à 1190 m, remarquer à gauche la jonction d'un itinéraire montant de Serralongue et balisé en jaune citron.)

1h20 Première tour carrée 1290 m. Le sentier de crête file vers le sud et atteint en cinq minutes la **seconde tour** (1310 m) que l'on contourne par la gauche pour descendre vers le sud-est.
D'un collet (1290 m) on peut, en négligeant le balisage, escalader directement le piton supportant les ruines de la troisième tour.

1h35 Des vestiges de la **troisième tour** 1326 m, le sentier descend raidement vers le sud. Il saute ensuite quelques rochers et serpente en sous-bois.

2h00 Pla del Castell 1145 m. Traverser la clairière herbeuse vers le sud pour prendre pied sur une piste : la descendre, à droite, d'abord vers l'ouest, jusqu'au village.

3h00 Lamanère.

Variantes

➡ MONTER PAR LE PLA DEL CASTELL.

Cette solution a deux avantages : on évite la végétation entre le mas et le col des Astanouses ; on visite les tours en admirant le massif du Canigou. Mais il faut utiliser, en aller et retour, au moins une partie de l'itinéraire.

0h35 Mas des Astanouses. Suivre un sentier, cinq minutes, vers l'est-nord-est. Couper un ruisseau (1000 m) et emprunter un sentier vers le sud puis vers le sud-est.
Au bout de vingt minutes, il passe un creux de vallon (1040 m).

1h20 On trouve la **piste** Lamanère - pla del Castel - dans un virage : la monter pendant deux minutes pour apercevoir, cent mètres à gauche, les ruines signalées à 1145 m dans le circuit initial.
Suivre le balisage bleu pour monter aux tours.

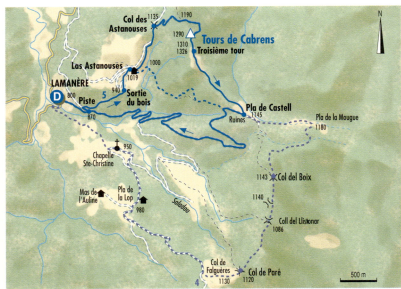

Les itinéraires en Vallespir sud et autour d'Ull de Ter

Cabrens

➡➡ Descendre par la variante précédente.

Suivre l'itinéraire initial pendant deux bonnes heures jusqu'au pla del Castell. Emprunter la piste pendant deux minutes à peine et revenir au mas des Astanouses par l'itinéraire décrit (en sens inverse) dans la première variante.

➡➡➡ Circuit par les cols frontière.

2h00 Des **ruines** 1145 m, descendre jusqu'à la piste et la suivre vers l'est jusqu'au rond-point (1150 m) : prendre à gauche l'itinéraire fléché jusqu'au Pla de la Mougue (1180 m). Monter par la droite en suivant l'itinéraire balisé pour arriver au...

2h30 Coll del Boix 1143 m, sur la crête frontière : suivre vers le sud un sentier espagnol. Au bout de cinq minutes, laisser à droite un petit col (1140 m) et suivre le sentier vers le sud. Il plonge ensuite vers le sud-ouest.

Du coll del Llistonar (1086 m), continuer par le sentier espagnol.

3h10 Col del Paré 1120 m. Continuer vers le sud-ouest puis vers l'ouest. En dix minutes on atteint le col des Falguères, 1130 m, avec la borne frontière 522 sur un petit mamelon : marcher vers l'ouest pour trouver un chemin français descendant vers Lamanère (itinéraire décrit dans le circuit de la Baga de Bordellat).

4h30 Lamanère.

Notre-Dame du Corral - Puig de Call Pubill

Dénivelés
Notre-Dame du Corral : 300 m
Puig de Call Pubill : 700 m

🏠 voir info refuge

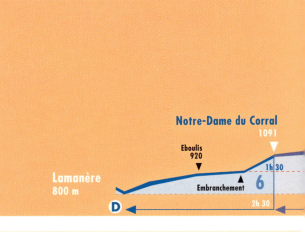

> Faut-il écrire Corral tel que le disent les cartes, ou Coral ainsi que le suggère une étymologie empreinte de légendaire... mais aussi de connaissance de la langue ? Coral signifierait « cœur de chêne », et la tradition veut qu'un berger trouva un jour une statuette de la Vierge au creux d'un chêne.
> Quoiqu'il en soit, l'ermitage Notre-Dame du Cor (r) al est un site digne d'intérêt et une base de promenade organisée autour du gîte d'étape. La balade ci-dessous est réalisable en toute saison : en été une bonne partie de l'itinéraire est ombragée, en hiver on peut admirer le Canigou enneigé.

🚙 D'Arles-sur-Tech, prendre la direction de Prats-de-Mollo sur 11,5 km puis bifurquer à gauche vers Serralongue et Lamanère (D 44).

D _____ **Lamanère** 800 m. De la place centrale (église, mairie), descendre une ruelle (carrer del Mig) d'abord vers l'ouest.
Laisser une autre ruelle à gauche et poursuivre vers le nord.
Traverser le torrent (pont - 760 m) et suivre un sentier vers le nord-nord-ouest.
Après une passerelle sur un ruisseau, emprunter un chemin en légère montée qui vire à gauche. Traverser une piste carrossable et gravir un chemin vers le nord-ouest. Dans la forêt, suivre de virage en virage le balisage sous forme de X jaune.

0h20 A 920 m, bref passage dans les **éboulis**. Ce beau chemin se poursuit en courbe de niveau ou en légère montée. A 960 m, le chemin sort du bois, se rétrécit en un sentier envahi par la végétation mais redevient vite agréable. On aperçoit N.-D. du Corral.

1h00 Laisser un **embranchement** à gauche et suivre la branche balisée (X). Laisser un autre embranchement à gauche et descendre le sentier en lacet.
Traverser le ruisseau de Bernadeille (947 m). Trois minutes plus tard, d'un oratoire, suivre (pendant douze minutes) un sentier un peu encombré par endroits. A 1040 m nous touchons le coude d'un large chemin : prendre à gauche (sud).
Rapidement, l'itinéraire se rétrécit

24

Carte de randonnées n° 10 Canigou-Vallespir, au 1 : 50 000. Carte IGN n° 2349 ET massif du Canigou, au 1 : 25 000.

depuis Lamanère

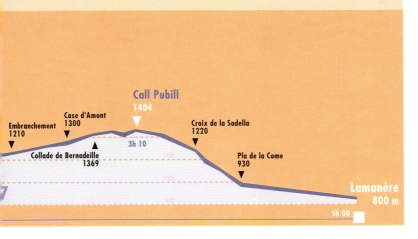

en un sentier qui vire à droite et s'élève ensuite vers Notre-Dame du Corral, au sud.

1h30 Notre-Dame du Corral 1091 m. L'ancien sentier au sud-ouest n'étant pas toujours praticable ces dernières années, emprunter sagement le chemin carrossable permettant l'accès au gîte.

Un quart d'heure plus tard, à 1120 m, on rejoint une piste reliant Lamanère à la D 115 (route du col d'Ares) : la remonter vers la droite (nord-est). Elle fait une boucle vers la gauche.

2h10 Abandonner cette piste à un **embranchement** (1210 m) pour gravir une autre piste à gauche, d'abord vers l'est puis, à 1235 m, vers le sud-ouest.

A 1270 m, laisser à gauche l'embranchement de Cal Poubill et continuer vers l'ouest pendant cinq minutes.

2h30 Case d'Amont (maisonnette, 1300 m) en contre-haut à droite (nord) et bifurcation : monter à droite (ouest) pendant sept minutes par le chemin herbeux. Le quitter par

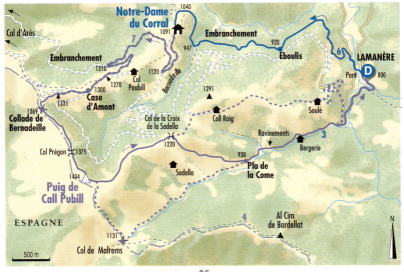

25

Les itinéraires en Vallespir sud et autour d'Ull de Ter

la gauche à 1335 m dans un virage à droite pour remprunter l'ancien chemin conduisant directement au col bien visible au sud-ouest.

2h45 Collade de Bernadeille 1369 m.
Laisser le chemin du col d'Ares à cinquante mètres au nord et suivre vers le sud-est la crête frontière, entre deux clôtures.
En quinze minutes on atteint le col Prégon, 1375 m. Monter vers le sud-sud-est avec la clôture, nettement à droite, côté espagnol.
Utiliser une sente côté français juste au-dessus de la forêt.

3h10 Puig de Call Pubill 1404 m ➡.
Gros cairn à cinquante mètres à droite. Laisser la crête frontière à droite et continuer par la sente qui se faufile sur le faîte d'un chaînon annexe, vers le nord-est.
Au col de la Croix de la Sadella ➡➡ (1220 m), descendre vers le sud-est (droite) en laissant le mas de la Sadella (1128 m) très nettement à droite. Perdre de l'altitude vers l'est-sud-est, rive gauche du vallon, par un sentier balisé.

4h00 A 930 m, sur le **pla de la Come**, on trouve le bon sentier du col de Malrems : l'utiliser vers la gauche (nord-est) très au-dessus du ruisseau. Il passe sur des ravinements rougeâtres, frôle une bergerie à droite et une ruine à gauche (Gafa Llops, 980 m) puis s'abaisse en lacet.
On trouve une route à 820 m : la descendre vers la droite.

5h00 Lamanère.

➡ **Variante par le col de Malrems**

3h10 Puig de Call Pubill. Longer la clôture espagnole d'abord vers l'est puis vers le sud-est. L'abandonner

quand elle fait un nouvel angle (vers le sud-ouest) et, sans sentier mais sans difficulté, descendre approximativement vers le sud-est en louvoyant entre rochers et buissons pour atteindre le col de Malrems.

3h40 Col de Malrems 1131 m, borne frontière 521. Descendre vers le nord-est pour trouver le bon sentier conduisant vers Lamanère.

5h00 Lamanère.

➡➡ **Variante par le mas de Soulé**

3h30 Col de la croix de la Sadella 1220 m.
Prendre sur la gauche un sentier large qui descend et arrive à des terres rouges aux allures de canyon.
Partir sur la gauche, passer une clôture et suivre une ancienne piste qui arrive au mas de Coll Roig.
Après les ruines, sur la gauche, suivre un chemin balisé, à flanc de montagne.

4h15 Mas de Soulé (point d'eau).
Suivre la piste qui descend rejoindre la route goudronnée. Prendre à droite pour regagner le village par le château d'eau (fléchage).

4h45 Lamanère.

Circuit partant du col d'Ares

Du col d'Ares, 1513 m, suivre vers le sud-est un chemin presque horizontal qui passe sur le flanc nord du mont Falgas (1610 m). L'abandonner au bout de vingt minutes quand il amorce un Z à gauche pour suivre la crête frontière jusqu'au col de Bernadeille, à quelques minutes.

La Tour du Mir
depuis Prats-de-Mollo

Dénivelés
La boucle : 1000 m
Tour du Mir - A+R : 700 m

Difficulté
Attention à la garrigue.

Col d'Ares et tour du Mir

Prats aime à se nicher dans la verdure ; l'étymologie le confirme (prats = prés). La cité fut aussi un dispositif de défense important comme en attestent les remparts (XVIIe) en cours de restauration. Les romantiques y trouvent, paraît-il, leur compte.
Sur les hauteurs se dresse la tour du Mir (XIIIe) que nous vous proposons d'atteindre par un beau circuit ou bien, plus simplement, en aller et retour. Facilement accessible en toute saison, elle offre un remarquable coup d'œil sur le Vallespir et le massif du Canigou.

 D 115 jusqu'à Prats-de-Mollo.

Prats-de-Mollo. Du centre-ville (740 m), prendre la route du col d'Ares. Trois cents mètres après le pont sur le Tech, au niveau de la borne hectométrique 2, gravir à droite, d'abord vers le nord-est, une piste goudronnée.
Elle se termine deux minutes plus tard. Emprunter vers le nord un chemin qui ne tarde pas à entamer une série de virages. Il se mue en un sentier herbeux filant d'abord vers le sud-ouest et effectuant ensuite deux virages.
A la bifurcation, suivre le sentier de droite (ouest).

0h45 En dix minutes il atteint une **croupe broussailleuse** (970 m) : continuer par un large chemin herbeux filant sud-sud-ouest sur le flanc gauche du dôme.

A 1005 m, suivre vers le nord (droite) une route goudronnée. 200 m plus loin, elle fait une épingle à gauche.

1h10 Mas Lo Mir 1078 m : le contourner largement par la droite en se dirigeant d'abord vers le nord-est, puis le nord, par un large chemin herbeux qui fait des méandres. A l'entrée d'un pré, s'orienter vers un arbre à 50 mètres au nord-ouest.
Franchir une clôture électrique et suivre le chemin sur 40 mètres vers l'ouest.
Devant une nouvelle clôture électrique à ne pas franchir, emprunter à droite un sentier comprimé entre le fil électrique à gauche et les broussailles à droite...

1h30 Croisement de chemins, 1170 m : en utiliser un, en face (nord-nord-ouest), herbeux et par endroits broussailleux.

27

Carte de randonnées n° 10 Canigou-Vallespir, au 1 : 50 000. Carte IGN n° 2349 ET massif du Canigou, au 1 : 25 000.

La Tour du Mir

A 1200 m, il bifurque : se diriger vers la droite (nord).

Cinq minutes plus tard on trouve une clôture électrique (1210 m) : continuer vers le nord-nord-est par le chemin envahi par la végétation. Il vire peu après à gauche (sud-sud-ouest).

1h50 Crête 1270 m. Laisser une cabane de guet cinquante mètres à droite et emprunter un sentier vers la gauche (sud-ouest), sur le dôme.

Après un passe-pieds (1290 m) le sentier se prolonge vers le sud dans une plantation de conifères. La pente ne tarde pas à s'accentuer. Les feuillus remplacent provisoirement les conifères. Le sentier passe ensuite sous des mélèzes et, à 1480 m, vire à droite (nord-nord-est).

Cinq minutes plus tard, à la bifurcation (1520 m), prendre à droite (nord-est) d'abord en légère descente puis en montée.

Les itinéraires en Vallespir sud et autour d'Ull de Ter

depuis Prats-de-Mollo

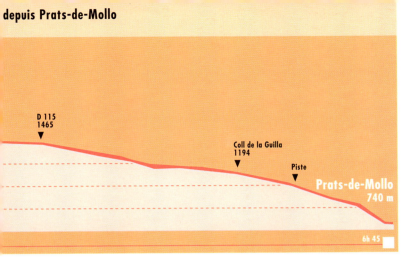

h30 Tour du Mir 1540 m.

Pause méritée ! Revenir à la bifurcation (1520 m).

De cet endroit, on peut revenir par l'itinéraire de montée ou poursuivre en circuit de la façon suivante : filer vers l'ouest puis le sud-ouest.

A 1510 m on trouve une source. Au-dessus des baignoires franchir une chicane (en mauvais état) dans la clôture et suivre un chemin, pendant cinq minutes, vers le sud-ouest. (De la source, il est possible de suivre la piste, sans passer par l'abri pastoral).

h45 Abri pastoral, 1520 m. Emprunter vers l'ouest une piste faisant des virages. Quand elle bifurque sur le dôme, à 1535 m, prendre à gauche (ouest).

Un quart d'heure plus tard, refermer la barrière et suivre la piste au sud-sud-est, à travers les pins.

h30 Borne frontière 516, à une cinquantaine de mètres à notre droite. Un kilomètre plus loin, refermer la barrière et suivre la piste qui laissera le col des Pichadous (1527 m) nettement à droite avant de virer à gauche (nord-est).

4h20 D 115 1465 m. S'y engager à gauche et descendre durant cinquante minutes. Au coll de la Guilla (1194 m), s'engager à gauche dans un large chemin vers le nord-ouest. Vingt minutes plus tard, refermer une barrière. A la bifurcation, prendre à droite (nord).

S'élever de quelques mètres et suivre un chemin (clôture à droite) pendant quatre minutes.

5h45 Traverser une **piste** en laissant une construction à 30 mètres à gauche.

Cinq minutes plus tard, franchir la barrière à droite et descendre par le sentier. Traverser un chemin puis une piste et s'abaisser vers le nord-ouest.

A 910 m on retrouve la route du col d'Ares : la descendre sur quelques dizaines de mètres et emprunter à droite un sentier plongeant sur Prats-de-Mollo, bien visible en contrebas.

6h45 Prats-de-Mollo.

Variantes pour le retour

➡ De la **tour du Mir**, on peut revenir à Prats en suivant le chemin forestier de Ramon Pere : il aboutit à la maison forestière de Can Got où l'on retrouve la route goudronnée descendant de la ferme du Mir. Elle rejoint plus loin la D 115 : la suivre à gauche jusqu'au village. Temps total de cette boucle : 4h30.

➡➡ Une fois sur la D 115 descendant du **col d'Ares**, au point coté 1272 (pla de L'Espinasse), suivre à gauche le chemin des Chalades de Flameije. Ce chemin forestier coupe la D 115 au lieudit Roca Gallinera (841 m) et aboutit à Prats en traversant le centre de détente. Temps total de cette boucle : 5h45.

Col d'Ares et tour du Mir

Le Costabonne
depuis La Preste

Dénivelé
1500 m

Difficulté
Partir tôt et se méfier des orages.

🏠 voir info refuge

Le Costabonne depuis le coll de Macanells

Sans porter ombrage à la souveraineté du Canigou, le Costabonne est l'incontestable seigneur du Vallespir. Quand on vient de la Méditerranée en suivant la chaîne frontière, c'est le premier « 2000 » que l'on rencontre. Le Tech prend sa source sur le flanc de cette belle pyramide. Pointe solitaire, le pic de Costabonne est un site d'observation idéal sur la montagne catalane, des Albères au pic de l'Enfer.

🚗 Par la D 115, remonter la vallée du Tech jusqu'au grand parking terminal de La Preste.

Parking de **La Preste** 1130 m. De l'extrémité ouest, franchir le pont sur le Tech et suivre la piste qui remonte sa rive droite.
A 1210 m, laisser filer la piste en face et escalader le talus à gauche pour suivre l'ancienne piste. A 1390 m, bifurcation : prendre à gauche, vers le sud-ouest.
A 1430 m, la piste fait un nouveau Z.
A 1531 m, elle passe un creux de vallon et, cinq minutes plus tard, à 1570 m, un autre creux de vallon.

h30 A 1592 m, vingt mètres avant de franchir **un torrent**, abandonner la piste (qui va virer à droite vers le sud-est) et prendre à gauche un sentier qui grimpe énergiquement en lacet, en gros vers l'ouest, d'abord en forêt puis à découvert.

Des ruines d'une cabane de pierre, 2020 m, suivre un chemin pendant trois minutes, vers le sud-ouest, puis une piste herbeuse, dans la même direction (c'est la piste laissée à 1592 m).
A 2150 m, on trouve un socle en béton et les rails de l'ancienne exploitation minière : on peut s'élever directement vers le sommet au nord-ouest ou utiliser les lacets d'un sentier...

4h15 Costabonne 2465 m. Sans sentier mais sans difficulté, descendre la crête au nord-est, pendant vingt-cinq minutes.
Elle bifurque à 2250 m : prendre à droite (est) la Serre de l'Ouillat, jusqu'au col de l'Ouillat (1715 m) très large, d'où nous descendrons vers la cuvette au nord-nord-est.

5h30 Refuge forestier et **cabane** pastorale, 1630 m. Descendre par le sentier vers l'est. Après avoir franchi quelques rochers, il file à flanc vers l'est-sud-est.

Carte de randonnées n° 10 Canigou-Vallespir, au 1 : 50 000. Carte IGN n° 2349 ET massif du Canigou, au 1 : 25 000.

Le Costabonne

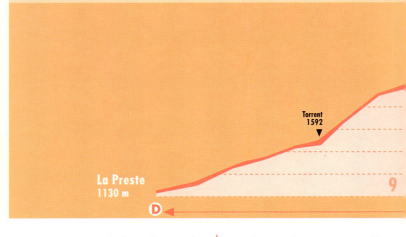

Après un éperon herbeux (1480 m), ce bon sentier descend d'abord vers le sud-ouest. Il suit un instant le fil d'un éperon et descend vers l'ouest.

6h00 Ferme : **la Graboudeille**. Suivre le sentier, bien net, pour trouver, à dix minutes, une autre ferme (la Barragane) : en descendre la piste d'accès ou suivre le sentier si le balisage le permet. Après avoir rencontré un gué puis une barrière (et portail), on ne tarde pas à retrouver la piste utilisée à la montée : la descendre pendant un quart d'heure vers la gauche.

6h45 Parking 1130 m.

➡ **Remarque**

Une ancienne variante de la H.R.P. contourne le Costabonne par le flanc sud et s'en va vers le col d'Ares, en suivant d'assez près la crête frontière : cet itinéraire peut être utilisé au retour jusqu'au col de Siern (1629 m) ; un sentier descend ensuite vers la piste utilisée à la montée.

depuis La Preste

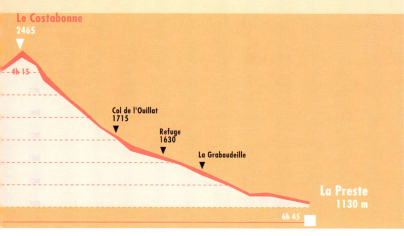

Le Costabonne depuis le pla Guillem

Les itinéraires en Vallespir sud et autour d'Ull de Ter

Pic du Géant - Gra de Fajol
depuis Vall Ter

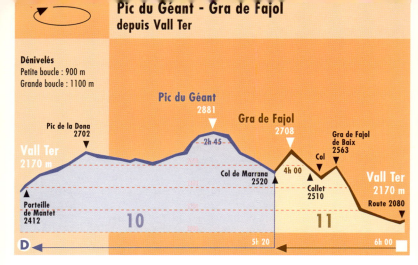

Dénivelés
Petite boucle : 900 m
Grande boucle : 1100 m

Les montagnards d'il y a quelques décennies évoquent avec nostalgie le refuge d'antan et les veillées d'avant course autour de l'âtre. La route a atteint le cirque, les aménagements froids et fonctionnels de la station de ski ont serré le cœur des anciens pyrénéistes qui montaient à pied depuis Setcasas manger les côtelettes du bedonnant et débonnaire Josep Palol...
Et pourtant le site est demeuré grandiose. Les sommets qui entourent le cirque offrent toujours un panorama somptueux ; le Gra de Fajol (grain de sarrasin !) est toujours aussi remarquable !

De Camprodon (24 km au nord-est de Ripoll ; 18 km au sud-ouest du col d'Ares, soit à 32 km de Prats-de-Mollo) remonter la haute vallée du Ter : traverser Setcasas, 12 km plus loin, et poursuivre par la route de la station de Vall Ter, pendant encore 12 km. Se garer au terminus de la route, sur le parking supérieur.

D — **Parking** supérieur de la station de ski de Vall Ter, 2170 m. Contourner les bâtiments par la droite et s'élever vers le nord puis le nord-est, rive droite.
A 2285 m, traverser, laisser à droite l'embranchement de la porteille de Mourens (ou Morens), prendre de l'eau et s'élever au nord-est.

0h40 Porteille de Mantet 2412 m, borne frontière 511. Un sentier remonte vers le nord-ouest la crête frontière facile. Après avoir contourné, par la gauche, un amoncellement rocheux (2567 m), on atteint un col (2555 m). Continuer par le sentier de crête.

1h20 Pic de la Doña 2702 m. Laissant au nord-ouest une éminence frontière de 2691 m, filer plein ouest et, de 2642 m, descendre la crête au sud. D'un collet (2620 m), gravir les rochers blancs (quartz) du pic de l'Escuena d'Ase (2460 m) et redescendre au sud-ouest.
Du col du Géant (2607 m), remonter la crête frontière à l'ouest.

2h45 Pic du Géant ou Bastiments 2881 m. Descendre la croupe facile, au sud-est.

3h30 Col de la Marrana 2520 m (d'où il est possible d'interrompre le parcours de crête si les conditions ne

Carte de randonnées n° 8 Cerdagne-Capcir, au 1 : 50 000. Carte IGN n° 2250 ET Bourg-Madame - Mont-Louis, au 1 : 25 000.

sont pas favorables et de boucler le « petit circuit » sans monter au Gra de Fajol).
Gravir le sentier dans la pierraille, vers le sud-ouest.

4h00 Gra de Fajol 2708 m.

MARCHEURS et simples RANDONNEURS reviendront au col de la Marrana en vingt minutes et choisiront entre deux options :

➡ Passer par le **refuge d'Ull de Ter**, 2080 m (solution conseillée)
Le refuge (gardé) est à trente minutes à l'est du col de la Marrana.
Du refuge on descend à la route en un petit quart d'heure. On trouve la route à 2080 m, à un kilomètre en aval du parking terminal.

5h20 Parking terminal, 2170 m.
Rejoindre directement le parking terminal, sans passer au refuge
Viser, au nord-est du col, les ruines de l'ancien refuge qu'il faudra laisser cent à deux cents mètres à notre droite. Le circuit est bouclé en 5h15 (plus les arrêts).

Les MONTAGNARDS peuvent continuer le tour du cirque d'Ull de Ter

4h00 Gra de Fajol 2708 m. Descendre vers le sud-est, un peu flanc droit.

4h20 Collet 2510 m, avant un piton que l'on peut contourner par le nord, sans avoir à monter ou, plus facilement par le sud, en montant d'abord un peu avant de reprendre la descente.

4h30 Col 2475 m. S'élever plein est.

4h50 Gra de Fajol de Baix (ou Petit) 2563 m. Sans être difficile, la descente demande un peu d'attention: il semble plus facile de se diriger d'abord vers l'est puis, à l'approche des pins, pousser de plus en plus à gauche, en évitant quelques petites falaises et en traversant un énorme amas de gros blocs avant de trouver le ruisseau et le sentier d'accès au refuge de l'Ull de Ter.

5h40 Route 2080 m. La voiture est à un kilomètre en amont.

6h00 Parking terminal.

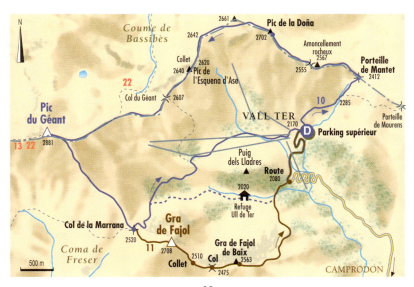

Carte Alpina Puigmal-Nuria au 1 : 25 000.

De Nuria à Ull de Ter

Dénivelé
1000 m

🏠 voir info refuge

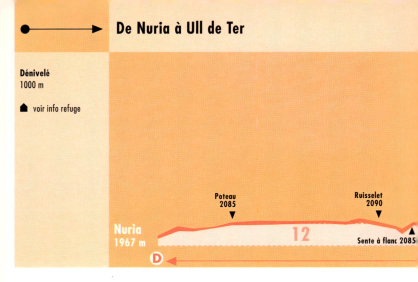

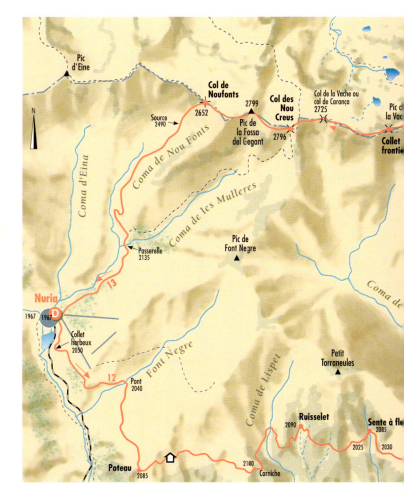

Carte de randonnées n° 8 Cerdagne-Capcir, au 1 : 50 000. Carte IGN n° 2250 ET Bourg-Madame - Mont-Louis, au 1 : 25 000.

par Coma de Vaca et le col de la Marrana

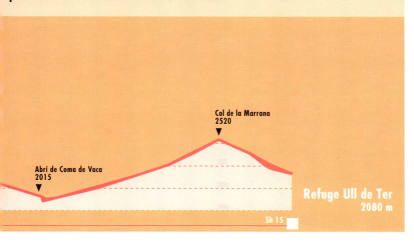

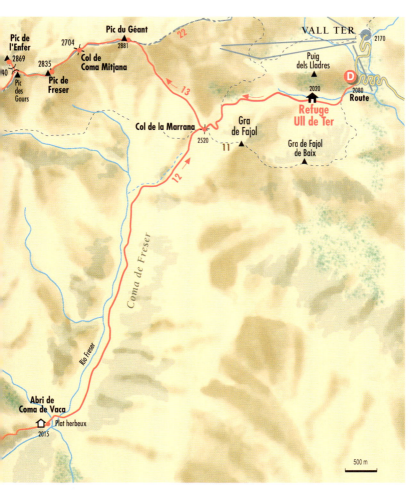

Carte Alpina Puigmal-Nuria au 1 : 25 000.

Station estivale et de sports d'hiver, antique lieu de pèlerinage, site touristique aussi célèbre que fréquenté, Nuria est un haut-lieu des Pyrénées catalanes. Pour permettre un circuit de deux jours, après le classique parcours sur la crête frontière, voici, de Nuria à Coma de Vaca, un itinéraire en balcon qui ne manque pas d'intérêt.

🚗 *Petit train partant de Ribes de Freser et passant à Queralbs.*

D **Nuria** 1967 m. De la gare, traverser les voies et gravir vers le sud un chemin de Croix, pendant vingt minutes.
Franchir un collet herbeux (2050 m) et descendre un peu vers l'est-sud-est pour trouver et suivre un sentier horizontal qui vire ensuite à gauche (est-nord-est) à 2030 m.
Après un pont, dans un creux de vallon (ravin de Font-Negre, 2040 m) le sentier monte très légèrement pendant un quart d'heure.

0h50 **Poteau** sur un éperon herbeux (2085 m). Emprunter une sente horizontale vers l'est-nord-est pendant vingt-cinq minutes.
Après un spectaculaire passage en corniche (2100 m), la sente passe le ravin de Coma de Lispet et remonte légèrement vers le sud-est. Elle vire à gauche (nord-est), descend en lacet puis file à gauche en corniche.

1h40 Franchir, à 2090 m, un **ruisselet** dans un creux de vallon puis une entaille entre les rochers, goûter une petite désescalade et passer un second ruisselet.
La sente s'élève un peu vers le sud-est, descend vers l'est-sud-est, remonte un brin, replonge à l'est, et une fois à 2025 m se redresse assez durement.

2h10 A 2085 m, la **sente** file **à flanc** vers le nord-est et descend, avec un passage en corniche, jusqu'à 2030 m.
Il faut alors remonter pendant vingt minutes jusqu'à 2140 m avant de piquer vers le nord puis le nord-est.

3h00 **Abri de Coma de Vaca** 2015 m, 16 places (souvent très sale).
Remonter le pla herbeux (troupeaux en été), passer ensuite rive gauche du rio Freser et, vers le haut du cirque, pousser très progressivement à droite, vers le col de la Marrana.

4h45 Col de la Marrana 2520 m. En suivant le sentier balisé en rouge et blanc (GR 11), descendre vers l'est.

5h15 Refuge de l'Ull de Ter.

Remarque

Il est possible d'aller directement du col de la Marrana au parking supérieur de la station de Vall Ter : viser au nord-est du col de la Marrana les ruines de l'ancien refuge qu'il faudra laisser cent à deux cents mètres à droite.

Nuria

Les itinéraires en Vallespir sud et autour d'Ull de Ter

D'Ull de Ter à Nuria
par le pic du Géant et le pic de l'Enfer

Dénivelé
1200 m

Difficulté
Portions de crête hors sentier.

🏠 voir info refuge

La porteille de Mantet

Entre la Cerdagne et le massif du Canigou, la crête frontière offre aux bons marcheurs un parcours de crête (par ailleurs suivi par le GR 11 et la H.R.P.) spectaculaire et néanmoins facile, à considérer parmi les plus belles randonnées réalisables dans les Pyrénées. Vous y moissonnerez une belle gerbe de sommets : Géant, Freser, Enfer ; et des cols : Marrana, Coma Mitjana, Neuf Croix, Noufonts.
L'arrivée se fait à Nuria, haut lieu de la foi catalane (Vierge à l'enfant du XIe) où commerce et religion semblent aller de pair.

Comme pour le précédent chapitre (le tour du cirque de l'Ull de Ter) mais se garer un kilomètre avant le terminus.

D — Du **petit parking** 2080 m, remonter vers le sud-ouest par le sentier bien marqué qui permet d'accéder au refuge en vingt minutes.
Du **refuge** de l'Ull de Ter (2220 m, gardé en été les week-end et pendant les vacances scolaires, 80 places), s'élever vers l'ouest par un sentier balisé en rouge et blanc (GR 11).

1h15 Col de la Marrana 2520 m. Gravir au nord-ouest la crête facile. (Si le temps est douteux, suivre les balises du GR 11.

2h15 Pic du Géant ou Bastiments, sommet trapézoïdal, 2881 m, au point oriental le plus haut, et « sommet » ouest orné d'un piolet, situé cinq minutes à l'ouest du précédent. Ce sommet est situé sur la crête frontière que l'itinéraire va suivre pendant près de trois heures. Descendre à l'ouest.

2h30 Col de Coma Mitjana 2704 m (croix à la mémoire de Castaner Mompart, 30.01.88). La crête frontière devient plus rocheuse.

3h10 Pic de Freser 2835 m. Descendre la crête à l'ouest (mauvais rocher) pendant cinq minutes jusqu'au collet coté 2790 m. Délaisser provisoirement la frontière pour aller gravir le pic de l'Enfer, à dix minutes au nord-ouest, totalement en France.
Gravir une sente sur le flanc nord du pic des Gours (2851 m), sans atteindre celui-ci, et, une fois à un collet (2840 m), s'élever au nord.

Carte de randonnées n° 8 Cerdagne-Capcir, au 1 : 50 000. Carte IGN n° 2250 ET Bourg-Madame - Mont-Louis, au 1 : 25 000.

D'Ull de Ter à Nuria

3h40 Pic de l'Infern (ou de l'Enfer) 2869 m.
Revenir au collet précédent (2840 m) et suivre une sente à flanc, vers le sud-ouest, en évitant de trop descendre : ne pas tarder à passer versant espagnol. Une fois au col frontière coté 2737 m, suivre la crête vers l'ouest.
Il est possible de laisser le pic de la Vaca (2821 m) un peu à gauche.

4h20 Collet frontière coté 2800 m où l'on retrouve le sentier balisé délaissé au col de la Marrana, et que nous allons suivre durant une petite heure.
Ce splendide parcours permet d'admirer les lacs de Carança au nord. Il descend au col de la Vaca (2725 m) ou col de Carança et remonte.

4h50 Col des Nou Creus (Neuf Croix), 2796 m, haut-lieu des Pyrénées, vue sur l'énorme masse du Puigmal (2910 m) et vers Nuria (relié à ce col par un bon sentier, fréquenté en été et à utiliser si le temps se détériore). Poursuivre par la crête à l'ouest, au-dessus de la Fossa del Gegant (versant français).
Après le pic de la Fossa del Gegant (2799 m), la sente passe un peu sur le flanc nord.

5h40 Col de Noufonts 2652 m, petit abri un peu à l'est ➥. Descendre par le sentier au sud-ouest, d'abord dans la pierraille.
Après des sources (2490 m, à notre droite), descendre dans l'herbe, à l'écart de l'eau (ruisseau des Nou Fonts).
Cinq minutes plus tard, franchir une passerelle (2135 m) et descendre par un large chemin, très fréquenté en été.

7h15 Nuria 1967 m, station estivale et de sports d'hiver, lieu de pèlerinage et de tourisme, regroupe dans des bâtiments de styles divers, commerces, hôtels, restaurants, refuges. Le site est atteint par un spectaculaire petit train à crémaillère, montant de Ribes de Freser, par Queralbs (voir le chapitre sur le cirque de Nuria). ➥➥

Remarques

➥ Il est bien sûr possible de poursuivre le parcours de crête au moins jusqu'au col d'Eine (ou Eyne), si le beau temps le permet.

5h40 Col de Noufonts 2652 m.

6h15 Pic d'Eine ou de **Nuria**, 2670 m (erreur sur la carte au 1 : 25 000).

Carte Alpina Puigmal-Nuria au 1 : 25 000.

par le pic du Géant et le pic de l'Enfer

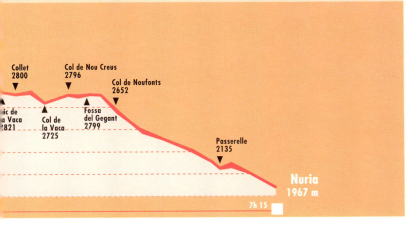

Le sentier descend à flanc vers le sud-ouest, trouve un éperon à 2640 m, le descend vers le sud jusqu'à 2460 m. Il vire ensuite à l'est pour trouver le ruisseau de la Coma d'Eina à 2190 m et qu'il suffit de suivre à la descente.

8h30 Nuria.

➡➡ Les randonneurs désirant effectuer ce circuit de deux jours en partant de Nuria, et non de l'Ull de Ter, doivent déjà savoir que le premier train n'arrive pas à Nuria avant 9h du matin (ce qui est suffisant compte tenu de l'itinéraire dont le point haut est le col de la Marrana) et que le tarif de ce train est relativement élevé.

Le Géant et l'Enfer depuis le pla Guillem

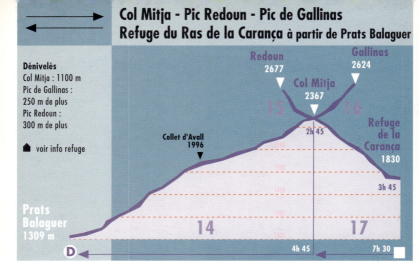

Col Mitja - Pic Redoun - Pic de Gallinas
Refuge du Ras de la Carança à partir de Prats Balaguer

Dénivelés
Col Mitja : 1100 m
Pic de Gallinas : 250 m de plus
Pic Redoun : 300 m de plus

voir info refuge

S'il est difficile de désigner le plus beau sommet des Pyrénées orientales, le plus beau col est certainement le col Mitja, splendide arceau suspendu entre le Redoun et le Gallinas ! Ce col mérite à lui seul le déplacement, mais vous le compléterez agréablement par l'ascension de l'un ou l'autre de ces sommets.
En suivant le GR 10, vous pouvez aussi descendre au refuge du Ras de la Carança, base de départ pour de nombreux pics situés sur la frontière.
L'idéal serait ensuite de terminer en beauté par la descente des gorges de la Carança.

De Fontpédrouse, prendre la D 28 jusqu'à Prats-Balaguer.

D — **Prats-Balaguer** 1309 m. Emprunter, vers l'est, une piste carrossable passant devant une pittoresque église romane. Laisser

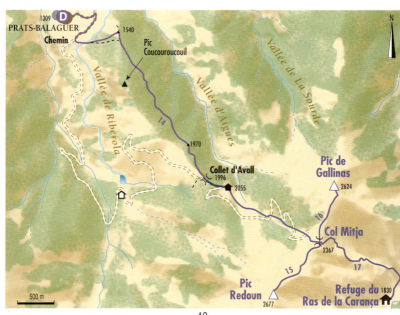

42

Les itinéraires en Conflent et dans le massif du Madres

un embranchement à gauche (1337 m) et suivre la piste vers le sud-ouest.

0h15 L'abandonner pour gravir un **chemin** allant à gauche, au sud. Vers 1450 m, il tourne vers l'est. Vingt minutes plus tard, à la bifurcation (1540 m), monter à droite. Laisser un embranchement à droite, un second à gauche et un troisième à droite pour gravir le chemin principal vers le sud-est.

0h45 Laisser encore un **embranchement** à gauche et poursuivre l'ascension. Un quart d'heure plus tard, la pente s'atténue enfin. Le chemin passe à l'horizontale, avant une nouvelle montée. Après un point haut (1970 m), il descend un peu et remonte doucement.
Il rejoint une crête (1995 m) qu'il faut suivre cinq minutes vers la gauche au sud-est.

1h45 Col dit **collet d'Avall** 1996 m. Suivre alors la piste pendant cinq minutes vers le sud-est. L'abandonner dans un virage et, en suivant les balises du GR 10, monter cinq minutes, directement pleine pente, vers le sud-est.
A partir d'un col faiblement marqué (2055 m) et proche d'un orri à gauche, le sentier utilisé par le GR 10 se dirige vers le col Mitja, bien en vue au sud-est. Il file d'abord presque horizontalement, puis monte plus franchement, coupant deux fois la piste.

2h45 Col Mitja 2367 m. Reste à choisir entre :

3h30 ➡ Monter au **pic Redoun** 2677 m au sud-ouest.

3h25 ➡ Monter au **pic de Gallinas** 2624 m au nord-nord-est.

3h45 ➡ Descendre au refuge du **Ras de la Carança** 1830 m en suivant le GR 10 qui utilise les raides traverses coupant et recoupant la piste.

Le refuge de la Carança

Pla dels Bocs - Pic de Nou Fonts

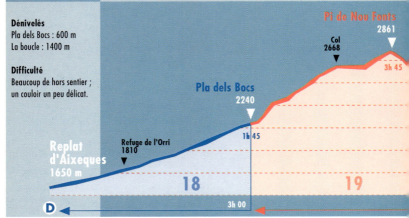

Dénivelés
Pla dels Bocs : 600 m
La boucle : 1400 m

Difficulté
Beaucoup de hors sentier ;
un couloir un peu délicat.

Il y a un quart de siècle, le dernier berger de la haute vallée de Prats-Balaguer me fit découvrir sa montagne, dominée par le Noufonts. Ravitaillé chaque semaine par un muletier, il ne descendait pas une seule fois de l'été à son village mais, immense parapluie en bandoulière, il aimait rôder sur la crête frontière, espérant trouver là quelqu'un à qui parler.
Cette boucle d'une journée, l'une des plus belles à effectuer dans les Pyrénées orientales, est dédiée à mon ami Marrot.

De Prats-Balaguer, poursuivre, d'abord vers l'est puis le sud-ouest, la piste qui va passer près des ruines du « château » et s'enfonce dans la vallée de Prats-Balaguer ou vallée de la Riberola. Cette piste passe rive gauche (1470 m) et revient rive droite (1601 m). Laisser alors un premier embranchement à droite puis un autre, un peu plus loin, à gauche jusqu'à un replat.

D **Replat d'Aixeques** 1650 m.
Au sud, prendre pendant cinq minutes la piste interdite à la circulation que suivent les GR 10 et 36 (balisage rouge et blanc). Lorsqu'elle vire à gauche, poursuivre par le chemin allant vers le sud. Passer une baraque (1750 m) sur un pla herbeux et continuer toujours vers le sud.

0h30 Laisser à droite le **refuge de l'Orri** 1810 m et poursuivre vers le sud-sud-ouest pour franchir, cinq minutes plus tard, une passerelle (1826 m). Abandonner le balisage GR et remonter rive gauche, vers le sud-sud-ouest, le sentier souvent à l'écart du torrent qui a tendance à s'encaisser.
D'un replat (2130 m), le sentier s'élève vers le sud-ouest.

1h45 Pla dels Bocs 2240 m marqué des ruines de la cabane de Marrot.
Le sentier file ensuite vers le sud tout en se rapprochant à nouveau du ruisseau.
Laisser à gauche le ruisseau et son affluent (2241 m) et, sans sentier, s'élever vers une sorte de col au sud-ouest qui n'est en fait qu'une rupture de pente.
Après ce ressaut, passer à droite d'un laquet (2401 m) et poursuivre l'ascension vers le sud, en contrebas à l'est de la Torre d'Eina, dans cette « Coma d'Infern » très sauvage et peu visitée.

par le col de Nou Creus

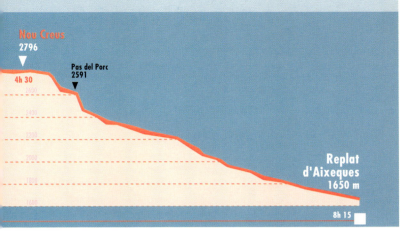

h00 **Col** 2668 m sur la crête qui sépare de la vallée d'Eyne.

Monter cette crête vers le sud-est, en direction du pic d'Eina qu'il n'est pas nécessaire de gravir. Vers 2730 m, poursuivre horizontalement en direction du sud-est sur le flanc est du pic d'Eina (2786 m).

Regagner la crête entre ce pic et le Nou Fonts (2734 m). Gravir cette crête frontière vers l'est puis le nord-est.

3h45 Pic de Nou Fonts 2861 m. Vue remarquable par temps clair.

Descendre la crête frontière au sud-est, pendant vingt minutes.

4h00 Coll de Nou Fonts 2652 m équipé d'un petit abri non loin au sud-est.

Continuer sur la crête que l'on remonte par une sente (GR 11) dans la pierraille.

Après un dôme (2800 m) suivre la crête, presque horizontale, vers le « pic » de Noucreus (2799 m) qu'il faut dépasser vers le sud-est.

4h30 Coll de Nou Creus 2796 m. C'est un haut-lieu des Pyrénées avec vue sur Núria et le Puigmal.

Continuer la boucle en s'élevant vers le nord-est pour rapidement abandonner la crête frontière et suivre à gauche la croupe bordant la Fosse du Géant.

Continuer facilement sur trois cents mètres jusqu'à dominer (2775 m) une profonde vallée et découvrir l'estany de Carança.

45

Carte IGN n° 2250 ET Bourg-Madame. Mont-Louis, au 1 : 25 000.

Descendre vers le sud-ouest dans cette Fosse du Géant et, une fois au fond (2605 m), continuer pendant dix minutes seulement vers le nord. Ne pas descendre complètement dans une petite dépression (2565 m), mais aller à sa gauche pour rejoindre un point bas de la crête séparant les vallées de la Carança et de Prats-Balaguer.

5h20 **Pas del Porc** 2591 m. Un cairn indique le passage. La descente à l'ouest se fait par un couloir raide, mais sans difficulté en l'absence de neige.

Suivre le balisage jaune tout en se méfiant des chutes de pierres.

Descendre ensuite en suivant les cairns vers le nord-ouest.

Une fois au confluent de ruisseaux (2332 m), descendre sur la rive gauche le sauvage vallon de la Baillette (Valleta) où un vague sentier cairné se dessine peu à peu.

6h15 Le **ruisseau** disparait sous les blocs pour réapparaître plus bas tandis que le sentier, peu évident, s'efface par endroits.

Passer rive droite tout en longeant le torrent qui tourne au nord-ouest.

Le traverser alors (2020 m) et s'en écarter sur une croupe en allant au nord.

A proximité de la confluence avec La Ribérole (1954 m), retrouver le sentier de la montée.

8h15 Retour au **Replat d'Aixeques** 1650 m.

Remarque

Il y a quelques dizaines d'années, la toponymie des Pyrénées orientales, francisée à l'extrême, accumulait erreurs et contresens.

Inversement, les cartes actuelles nous semblent parfois « catalanisées » d'une façon discutable. Arpentant ces montagnes depuis plus de quarante ans, nous n'avons jamais entendu un vieux catalan prononcer et encore moins écrire « Pic de les Nou Fonts » ou « Coll de les Nou Fonts »...

Les gorges de le Carança

Gorges de la Carança - Refuge du Ras de Carança
depuis Thuès-entre-Valls

Dénivelés
Dernière échelle : 400 m
Refuge : 950 m
La boucle : 1300 m

Difficulté
Aucune à la montée. Itinéraire retour de la boucle moins évident.

🏠 voir info refuge

Les laquettes

Avec des gorges célèbres à sa base et des lacs glaciaires dans sa partie haute, la vallée de la Carança est l'une des plus intéressantes des Pyrénées orientales, mais aussi une des plus longues !
Le sentier des gorges, taillé dans la falaise, avec de longs passages surplombant le vide, des passerelles étroites, garantit une promenade familiale impressionnante. Plus haut, l'épaisse forêt s'ouvre sur un monde plus âpre mais tout aussi pittoresque.
Dans une journée, il est possible :
- Pour les marcheurs de monter au refuge du Ras de la Carança, puis de redescendre par le même chemin ;
- Pour les randonneurs d'effectuer la boucle qui leur est réservée car son tracé est parfois moins évident.
Ces derniers peuvent aussi préférer passer la nuit au refuge pour poursuivre le lendemain vers les crêtes.
Quel que soit votre choix, vous ne regretterez rien.

A Thuès-entre-Valls, traverser le village et suivre les panneaux indiquant les gorges.

Parking des gorges 885 m. Passer sous le pont de la voie ferrée et suivre, rive droite, le chemin très fréquenté en été.
Dix minutes plus tard, franchir une première passerelle et monter le sentier.

0h25 Arrivée sur un **chemin en balcon** 1000 m, plus ou moins horizontal, qu'il faut emprunter vers la gauche (sud). Taillé dans le roc, il devient vite vertigineux, mais il y a une main-courante à droite.

0h50 Première échelle de fer, suivie d'une passerelle proche d'une prise d'eau (1050 m). Continuer par un sentier, rive gauche, auquel fait suite, pendant une heure, une inoubliable série de passerelles et de galeries qu'il serait fastidieux et parfaitement inutile de décrire car c'est le seul itinéraire possible.

1h50 Dernière échelle 1270 m, puis la dernière galerie avant la sortie des gorges. Suivre ensuite le bon sentier de la rive gauche.

Gorges de la Carança - Refuge du Ras de la Carança

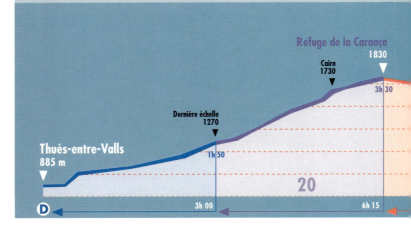

2h50 La **vallée** s'élargit (1670 m), le sentier grimpe raide à l'écart du torrent, puis ondule à flanc.

3h00 **Cairn** à droite 1730 m. Poursuivre rive gauche le sentier qui va traverser une zone herbeuse et par endroits fangeuse.
La vue s'ouvre sur la haute vallée. Le sentier descend légèrement et s'élève ensuite très faiblement.

3h30 **Refuge du Ras de la Carança** 1830 m.
Revenir par le même itinéraire jusqu'au **cairn** 1730 m. A partir de ce point, revenir sur ses pas où continuer la boucle prend un temps égal.

➡ Prendre la sente herbeuse, dite chemin Ramader, s'élevant à gauche au-dessus du sentier des gorges qui, après quelques lacets (1820 m), traverse à flanc vers le nord, contourne une croupe (1830 m) et descend légèrement plein ouest vers le ruisseau de Las Tours.
Ce ruisseau franchi (1752 m), le sentier prend la direction du nord-nord-est, d'abord en descente, puis en légère remontée.
Après un orri (1715 m) et un beau passage sur des replats rocheux, la sente monte à nouveau, laisse à droite une curieuse aiguille rocheuse, descend et remonte jusqu'au...

5h00 Franchissement d'un **éperon** rocheux 1790 m. Le sentier descend alors vers l'ouest, croise le torrent Roig (1749 m), puis monte en lacets vers le nord-ouest pour atteindre un point haut (1810 m).

Grand lac de la Carança

Carte de randonnées n° 8 Cerdagne-Capcir, au 1 : 50 000.

depuis Thuès-entre-Valls

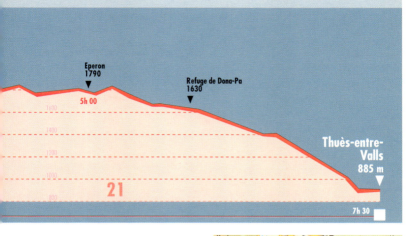

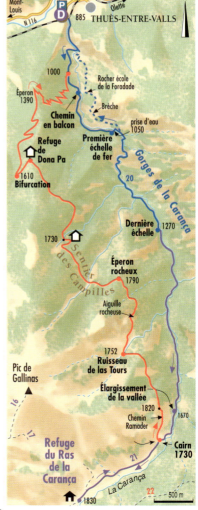

à partir duquel il descend en larges lacets.

Il passe un ruisseau (1730 m), laisse un orri à droite et poursuit une légère descente vers le nord-est, le nord et par une portion horizontale file en direction du nord-ouest.

Juste après le franchissement d'un nouvel éperon, le sentier vire à gauche au sud-ouest.

5h50 A droite, un embranchement conduit au proche **refuge de Dona Pa** 1630 m.

6h00 Bifurcation 1610 m. Descendre à droite vers le nord le beau chemin en lacets qui, trente-cinq minutes plus tard, franchit un éperon (1390 m) et continue sa descente vers le nord-est en nombreux petits lacets.

7h15 Il rejoint le **chemin** de montée (1000 m) qu'il faut suivre vingt mètres à gauche vers le nord avant de descendre un sentier à droite, vers la première passerelle.

7h30 Retour au point de départ.

Cartes IGN n° 2249 ET Font-Romeu, n° 2250 ET Bourg-Madame. Mont-Louis, au 1 : 25 000.

Pic del Gegant ou du Géant ou Bastiments
Pic de l'Enfer

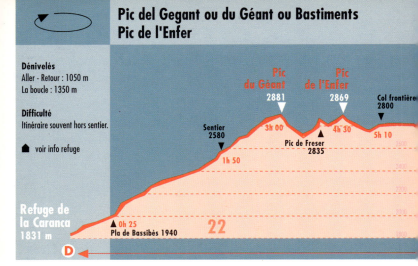

Dénivelés
Aller - Retour : 1050 m
La boucle : 1350 m

Difficulté
Itinéraire souvent hors sentier.

■ voir info refuge

Le pic du Géant, l'un des plus hauts du massif des Pyrénées orientales, est d'un accès très facile par le versant espagnol à partir de l'Ull de Ter. Mais il est plus élégant de l'inclure dans une splendide boucle de crêtes, en partant du refuge du Ras de la Carança. Ce sommet d'allure solide, aux formes trapues, présente des faces peu escarpées. Par beau temps, c'est de la Méditerranée aux Monts Maudits qu'il permet de porter le regard.

D _____ **Refuge du Ras de la Carança** 1831 m. En prenant le GR 10, traverser le torrent une centaine de mètres au sud du refuge et monter par un chemin caillouteux vers le sud-est jusqu'au...

0h25 Pla de Bassibès 1940 m, à la base de la coma du même nom. Cette vallée en auge glaciaire n'est pas parcourue par un seul sentier continu, mais par des portions de sentiers ou de sentes, sur l'une et l'autre rive du ruisseau. Elle se remonte d'abord vers le sud, soit en s'y engageant dès le début du pla ou après avoir traversé le torrent pour utiliser un sentier rive droite.
A 2470 m, soit après une heure trente de marche environ depuis le refuge, monter vers le sud-ouest.

1h50 A 2580 m, laisser à gauche le **sentier** presque horizontal conduisant au col du Géant (2607 m), à l'est.

Passer à gauche de la grande cuvette (2580 m) et du lac de Bassibès (2608 m), invisible car situé dans une dépression.

2h30 Monter vers le sud-ouest pour atteindre la crête frontière 2680 m et la remonter vers la droite (sud-ouest, puis ouest) pendant une demi-heure.

3h00 Pic du Géant ou pic del Gegant, ou Bastiments, sommet trapézoïdal (2881 m) au point oriental, le plus haut.
Son « sommet » occidental, orné d'un piolet, est situé à cinq minutes du précédent sur la crête frontière qu'il faudra suivre afin de réaliser une somptueuse boucle.

3h20 Col de Coma Mitjana 2704 m, marqué d'une croix à la mémoire de Castaner Mompart.

4h00 Pic de Freser 2835 m. Descendre

Carte de randonnées n° 8, Cerdagne-Capcir, au 1 : 50 000.

depuis le refuge du Ras de la Carança

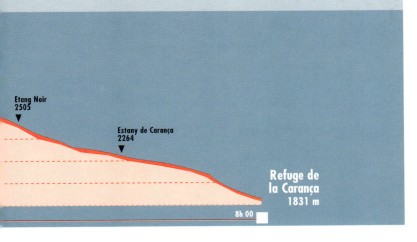

par du mauvais rocher la crête à l'ouest pendant cinq minutes jusqu'au petit col (2790 m) où,

pour qui désire gravir le pic de l'Enfer, il faut aller dix minutes au nord-ouest par une sente sur

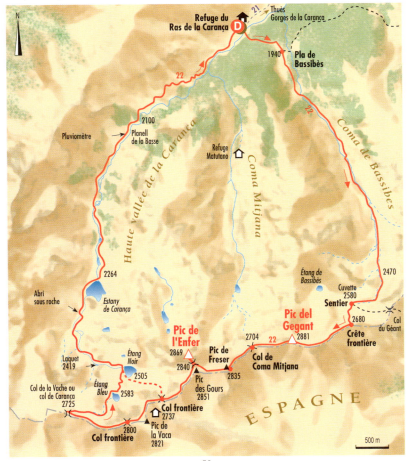

Carte IGN n° 2250 ET, Bourg-Madame. Mont-Louis, au 1 : 25 000.

le flanc nord du pic des Gours (2851 m) et, une fois atteint un petit col (2840 m), s'élever au nord.

4h30 Pic de l'Infern ou de l'Enfer 2869 m.
Revenir au petit col (2840 m).
De ce col, il faut à peu près le même temps pour revenir sur ses pas ou pour terminer la boucle.
Aller à flanc, vers le sud-ouest, en évitant de trop descendre pour ne pas tarder à passer versant espagnol.

4h50 Du col frontière 2737 m, il est possible soit de plonger directement vers l'étang Noir au nord-ouest, soit de poursuivre le parcours de crête vers l'ouest, en laissant à gauche le pic de la Vaca (2821 m). En cas de mauvais temps, une cabane (2680 m) existe versant espagnol, droit au sud à moins de dix minutes.

5h10 Col frontière 2800 m, où l'on rejoint un sentier balisé (GR 11) venant du coll de la Marrana.
Ce splendide parcours permet d'admirer les lacs de Carança au nord avant de descendre au coll de la Vaca ou col de Carança (2725 m), d'où il suffit d'aller vers le nord à l'étang Bleu (2563 m) par l'itinéraire suivant, décrit en sens inverse pour un autre accès au pic de l'Enfer.

8h00 Refuge du Ras de la Carança 1831 m.

Etang bleu

Les itinéraires en Conflent et dans le massif du Madres

Estany de Carança - Pic de l'Enfer
depuis le refuge du Ras de la Carança

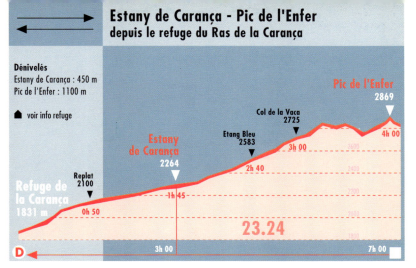

Pour envisager cette belle randonnée, il est préférable de coucher au refuge du Ras de la Carança...

Le pic de l'Enfer (ou de l'Infern), sur la crête frontière cernant la haute vallée de la Carança, domine de profondes « coumes » où se logent de nombreux lacs. Au dire des anciens, ses voisins, les pics de la Vache, ne se quittent qu'à regret.

D _____ **Refuge du Ras de la Carança** 1831 m. Utiliser vers le sud-ouest le sentier qui, très à l'écart à l'ouest du torrent, traverse une vaste zone herbeuse, se rapproche de la Carança et sinue sous les pins.

0h30 Le **sentier** s'écarte à nouveau du torrent, grimpe en lacets pour franchir un ressaut, se repose ensuite sous les pins puis frôle les ruines d'une cabane, descend quelques mètres et remonte sur des dalles de granit.

0h50 Laisser à droite un premier **grand replat** (2100 m), suivi d'un second, où s'élève un pluviomètre laissé à gauche.
Plus loin, en contrebas à gauche, observer le lac comblé de La Basse (2170 m).

1h20 Passer sur la **rive droite** 2190 m et suivre le sentier qui, un quart d'heure plus tard, longe à droite un premier laquet, La Bassette (2240 m), puis un second, à peine plus élevé, la Basse Bleue.

1h45 Estany de Carança 2264 m. Une sente marquée de cairns le contourne par la droite.
Après avoir laissé un abri sous roche à droite, passer rive droite (2295 m), revenir rive gauche (2320 m) et monter vers le sud, puis vers le sud-est, près du ruisseau.

2h15 Laquet à droite 2419 m. Continuer le sentier qui, en moins d'un quart d'heure, atteint le déversoir de l'étang Noir (2505 m) d'où il faut s'élever vers le sud, puis vers le sud-ouest, en serpentant dans les éboulis.

2h40 Cuvette de l'**étang Bleu** 2583 m que l'on laisse à gauche pour grimper vers le col de la Vache (coll de la Vaca), à environ vingt minutes à l'ouest-sud-ouest.

de la crête frontière qui devient assez vite déchiquetée.

Il passe alors sur le versant français et atteint, en sept minutes, un petit col (2840 m) situé sur la crête, entre le pic des Gourgs (2851 m) et le pic de l'Enfer au nord-ouest, accessible en trois minutes.

4h00 Pic de l'Enfer 2869 m. Revenir au col (2737 m) et descendre d'abord vers le nord jusqu'à 2600 m, puis au nord-ouest, vers l'étang Noir pour retrouver l'itinéraire parcouru à la montée.

7h00 Refuge du Ras de la Carança 1831 m.

Variantes

➡ On peut monter directement de l'étang Noir au col (2737 m), en vingt-cinq minutes.

➡ Du pic de l'Enfer, il est possible de suivre à l'envers l'itinéraire 22 du Géant afin d'effectuer une somptueuse boucle.

3h00 De ce **col** frontière **de la Vaca** ou de **Carança** 2725 m, emprunter vers le sud-est le splendide sentier de crête (itinéraire H.R.P. et GR 11) pour gravir les pics de la Vaca dont le plus occidental culmine à 2826 m. Descendre vers le nord-est.

3h20 Col 2775 m. Abandonner le sentier et suivre la crête vers le nord-est. Deuxième pic de la Vaca 2821 m. Continuer la crête pendant quinze minutes jusqu'à un col (2737 m.) Droit au sud, en contrebas à moins de dix minutes, une cabane (2680 m) peut par mauvais temps servir de refuge.
Prendre un sentier un peu à droite

Planell de la Basse

Carte IGN n° 2250 ET Bourg-Madame Mont-Louis, au 1 : 25 000.

Le pic de Tres Esteles
depuis Escaro

Dénivelé
1300 m

🏠 voir info refuge

Bienvenue à Escaro

En catalan, « estelles » pluriel de « estella » désigne des éclats de bois, des échardes. Voila qui n'aide guère à établir l'étymologie de ce pic. L'origine en serait-elle « tres estelles », les trois stèles ? Mais où sont-elles ? Ou bien, plus poétiquement « tres estrelles », les trois étoiles... Quoi qu'il en soit, cette belle excursion offre des vues splendides et originales, tant sur le massif du Canigou que sur la chaîne frontière.

🚗 Quitter la N 116 (Prades - Mont-Louis) cinq cents mètres à l'est de Joncet pour suivre à gauche la D 27 vers Escaro. Se garer près du cimetière d'Escaro, au bord de la D 27 c, quelques centaines de mètres en aval et au sud du village.

D — **Cimetière d'Escaro** 860 m. Monter au village, à dix minutes à pied. Prendre la rue à gauche (ouest-sud-ouest) comme pour aller au camping et laisser à droite l'église et la mairie d'Escaro.

Au carrefour (900 m), emprunter en face (ouest) une piste carrossable qui s'élève en lacet, frôle une maison à droite (1120 m) puis monte à flanc vers le sud-ouest, en contrebas du col de la Llosa et entame finalement une série d'épingles que l'ancien sentier permet de couper si on le désire.

2h20 Terminus de la piste 1590 m. Gravir vers le sud-est un sentier très pentu, pendant un quart d'heure.

On atteint la crête nord-ouest du pic de Tres Esteles, à 1690 m. Un bon sentier remonte cette crête, d'abord un peu flanc sud puis versant nord-est et finalement flanc ouest du pic.

Du col coté 2056 m, au sud du pic, monter au nord, directement sans sentier.

4h00 Pic de Tres Esteles 2099 m. Hors sentier, descendre la crête à l'est pendant vingt minutes.

A 1860 m, utiliser un sentier à flanc vers la gauche (nord). Il descend ensuite dans un vallon, vers le nord. Il part à gauche, à flanc, parfois avec de légères remontées et enfin il descend franchement ! Il fait un crochet à gauche (ouest) pour amorcer une série de lacets.

5h30 Maison forestière de Founguéré 1520 m. Bien tracé, le sentier poursuit sa descente en lacet.

Le pic de Tres Esteles

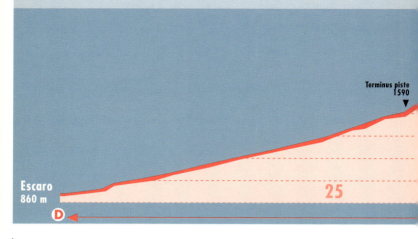

A 1360 m, laisser à droite un embranchement (vers Thorrent). A 1100 m, laisser à droite un autre embranchement (vers Thorrent). A 1031 m, emprunter un large chemin vers l'ouest-nord-ouest.

6h30 Cimetière d'Escaro.

Ce qui fait le plus grand charme des Pyrénées méditerranéennes, c'est leur soleil qui est le meilleur ami du montagnard : ce sont leurs eaux superbes, leurs fleurs, et l'élégance de leurs contours. Ces montagnes ont une grâce féminine, une poésie à elles, qui manque aux sommités glaciales abruptes et orageuses du centre et de l'ouest de la chaîne. Si elles inspirent moins d'épouvante, elles attendrissent et elles se font aimer je ne sais comment. Si on en a envie, on peut aussi très facilement s'y casser le cou : il n'y manque pas de précipices.

Henry Russell, Souvenirs à un Montagnard

Carte de randonnées n° 10 Canigou, au 1 : 50 000.

depuis Escaro

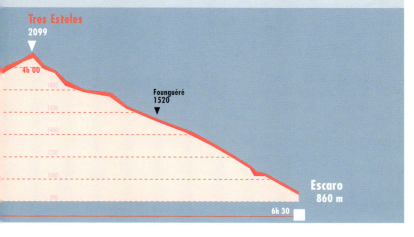

Le Canigou vu depuis la route Py-Mantet

Carte IGN n° 2349 ET massif du Canigou et 2249 ET Font-Romeu - Capcir, au 1 : 25 000.

Roc Colom

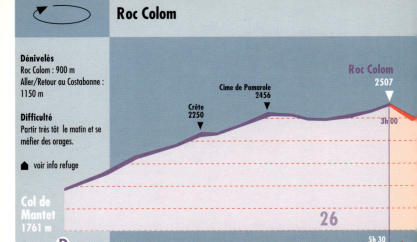

Dénivelés
Roc Colom : 900 m
Aller/Retour au Costabonne :
1150 m

Difficulté
Partir très tôt le matin et se méfier des orages.

■ voir info refuge

De l'Atlantique à la Méditerranée, le premier « 2500 » rencontré est le célèbre pic d'Anie : tout le monde sait celà ! Dans le sens inverse, le premier « 2500 » - sur la frontière - est beaucoup moins connu, car trop proche du seigneur Costabonne pourtant mons élevé. Le panorama est admirable : au sud-est, le verdoyant cirque des sources du Tech, vers le nord-est l'arête menant au Canigou, au nord le pla de Campmagre et, tout au fond, le Madres, vers l'ouest le dôme du Puigmal.Cet itinéraire partant du col de Mantet permet de monter doucement à Roc Colom (ou Roque Couloum), ou de faire un saut au Costabonne et, pourquoi pas, de revenir en circuit par les hautes surfaces du pla de Coma Armada.

A la sortie ouest de Villefranche-de-Conflent, prendre à gauche la D 6 traversant Sahorre et Py. Se garer au col de Mantet.

D **Col de Mantet** 1761 m.
Petit parking
Suivre à la montée le sentier de crête au sud-sud-est. Il passe un peu flanc est, revient sur la crête à 1900 m et file flanc ouest.

1h20 A 2250 m on rejoint la « **crête** ». Continuer vers le sud par cette large croupe de Pla Segala, un peu versant oriental, de façon à feinter par la gauche une éminence de 2342 m.
Du col (2326 m) situé au sud de cette éminence, filer vers le sud.

2h00 Cime de Pomarole 2456 m, dont on peut laisser le point haut quelque deux cents mètres à notre droite. Poursuivre vers le sud en laissant à gauche des pentes très abruptes.
D'un collet (2381 m), se diriger plein sud vers un col (2412 m, entre Roc Colom et Mort de l'Escoula) qu'il n'est pas nécessaire d'atteindre : on contournera ainsi par la gauche une vaste zone un peu spongieuse avant de se diriger vers le point haut de cette balade.

3h00 Roc Colom 2507 m. Ce sommet frontière se présente comme un dôme débonnaire quand on l'aborde par le nord ou par l'est, mais le versant occidental est plus pentu.

58

Carte de randonnées n° 10 Canigou, au 1 : 50 000.

depuis le col de Mantet

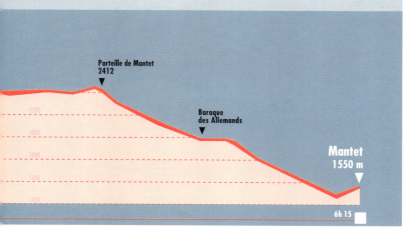

Circuit par la Porteille de Mantet

Cet itinéraire très facile n'est à entreprendre que par temps sûr car le brouillard et les orages peuvent arriver très rapidement.

De Roc Colom suivre la crête frontière au nord-est jusqu'à la porteille del Callau (2387 m) et continuer, pratiquement en courbe de niveau, versant français, sur le pla de Coma Armada. Laisser à gauche le poteau métallique de la porteille de Morens (2381 m) pour gagner...

h00 La porteille de Mantet 2412 m située au nord-ouest. Descendre vers le nord, par le sentier de la rive gauche. Il traverse une zone morainique, chaotique, avec des ruines de cabane (2106 m) et une petite dépression. Continuer durant un quart d'heure vers le nord pour trouver, à 1980 m, l'ancienne baraque des Allemands ; se diriger alors vers le nord pour atteindre un replat marécageux et traverser le ruisseau de Bassibès à 1975 m.

Nouvel abri, 1970 m, dix places. Emprunter alors le GR 10 (venant du refuge du Ras de la Carança par le coll del Pal) pour continuer vers le nord. On ne tarde pas à découvrir Mantet, au nord-est. Le sentier suit vers le nord-est une croupe un peu embroussaillée, puis il passe le creux de vallon à gauche et continue à flanc. Après deux passerelles (1480 m et 1470 m) à sept minutes l'une de l'autre, on monte à...

Le roc Colom depuis le coll del Pal

Carte IGN n° 2349 ET massif du Canigou et 2250 ET Bourg-Madame - Mont-Louis au 1 : 25 000.

6h15 Mantet 1550 m. Le plus pénible sera d'aller de Mantet au col du même nom, deux cents mètres plus haut... à moins de faire du stop !

Pour aller au Costabonne, 2465 m.

a. Sans aller à **Roc Colom**
Du collet coté 2381 m, gagner le col 2412 m. Descendre légèrement à flanc vers le sud-ouest, couper le Tech à 2300 m et poursuivre pratiquement en courbe de niveau pour atteindre le coll del Pal (2319 m) sur la frontière.
De ce col, il suffit de gravir la crête à l'est pour arriver au sommet du Costabonne en vingt minutes.

b. Depuis **Roc Colom**
Suivre la crête frontière (ou mieux la laisser un peu à droite) vers le sud puis le sud-est pour gagner le coll del Pal et monter au Costabonne en une demi-heure.

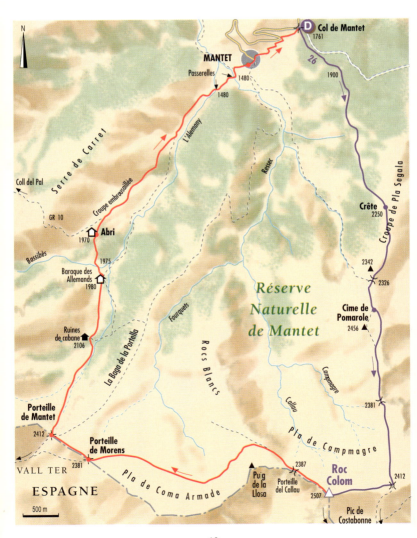

Les itinéraires en Conflent et dans le massif du Madres

Le circuit du Coronat
de Joncet à Villefranche

Dénivelé 1000 m

Villefranche-de-Conflent

Bien que largement façonnée par l'œuvre de Vauban, la montagne présente ici une structure complexe, une végétation ingrate, des sentiers fragiles. Le hameau de Belloc, abandonné, est en ruine mais on y découvre une belle chapelle délabrée. Praticable, même en sandales, pratiquement toute l'année, ce parcours offre de splendides perspectives sur le Conflent et le massif du Canigou. Il est bien entendu vivement recommandé de visiter le Fort Libéria (XVIIe) et la cité de Villefranche (remparts monumentaux, nombreuses maisons du XIIe au XIVe, église Saint-Jacques ; artisanat et animations).

Pour le retour, nous ne pouvons que vous inciter à prendre le train jaune (horaires au 68 96 09 18 ou 68 04 23 27).

N 116 jusqu'à Joncet (à 12 km en amont de Prades).

Joncet 565 m. Au centre du village étiré le long de la N 116, en face de la rue de la gare, monter vers le nord-ouest par une ruelle goudronnée (panneau : Flassa 4,5 km).

A 700 m d'altitude, la route fait place à une piste.

1h00 Bifurcation 935 m. Laisser en face (nord-nord-est), à 300 mètres, l'ancienne église de Flassa et prendre à gauche (vers l'ouest) la piste en lacet.

Cinquante minutes plus tard, elle laisse en contrebas à droite le pla del Farré (1287 m).

2h15 Collet 1475 m, avec antenne, cent mètres à droite (sud) sur le mamelon (1488 m). Barrière métallique, panneau indicateur en bois et bifurcation : aller à droite, vers le nord-nord-est pour trouver, à dix minutes, le petit refuge O.N.F. (1450 m).

Poursuivre vers l'est par un sentier à flanc, sous les arbres.

Il file ensuite sur le dôme du Coronat (1450 m) entre buissons et pins épars.

3h00 Pla des Horts 1450 m, cairn. Le sentier s'insinue à droite (sud-est) puis à gauche (est). Après une clôture électrique, le sentier passe sous les pins, d'abord vers l'est.

Belle vue sur Prades (est). Le sentier descend vers le sud-est. Il vire à gauche vers le nord-nord-est.

Après un brusque virage à droite

Le circuit du Coronat

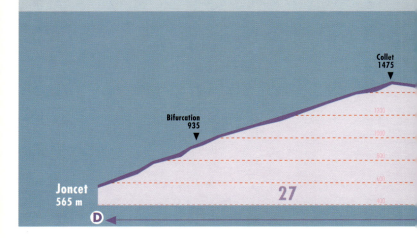

(sud), refermer le portillon et suivre le bon sentier, en forêt.

4h00 A 1085 m on trouve un **chemin carrossable** qu'il suffit de descendre (on peut aussi emprunter le sentier qui en coupe les lacets). A deux pas à droite, la chapelle Saint-Etienne.

Dix minutes plus tard, à 1010 m, on trouve une clôture électrique et un abreuvoir en plastique jaune : abandonner provisoirement la piste qui file vers le nord-est et descendre à gauche (nord) un sentier qui s'incurve ensuite vers la droite (nord-est).

On retrouve la piste délaissée un quart d'heure plus tôt à proximité du refuge O.N.F. de Belloc, 883 m (au sud-ouest du hameau ruiné).

Remonter la piste vers le sud-est

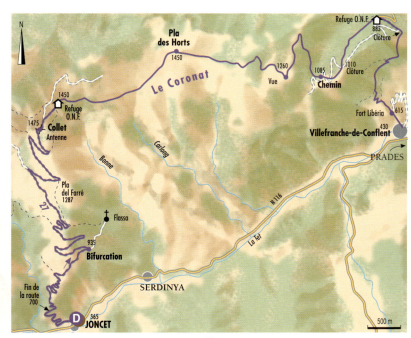

Carte de randonnées n° 10 Canigou-Vallespir, au 1 : 50 000.

de Joncet à Villefranche

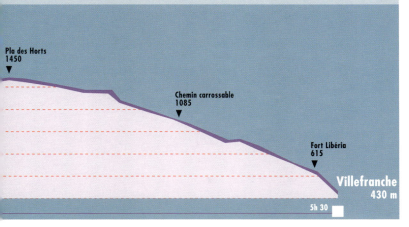

Villefranche-de-Conflent

pendant cinq minutes. Cinquante mètres avant un virage à droite, emprunter à gauche un sentier (clôture électrique à gauche puis en travers du sentier).

On ne tarde pas à découvrir Villefranche. Une fois au Fort Libéria (615 m) en descendre la piste d'accès, ou le sentier plus direct donc plus rapide, vers Villefranche, à vingt minutes.

Plus spectaculaire : descendre par le fantastique et impressionnant escalier dit des 1000 marches ; il n'en compte en fait que 750.

5h30 Villefranche-de-Conflent 430 m. Pour revenir à la voiture, on peut tenter le stop, utiliser le train jaune (ligne SNCF reliant Villefranche-de-Conflent à La Tour-de-Carol) ou encore un service de cars.

Carte IGN n° 2349 ET massif du Canigou et 2249 ET Font-Romeu, au 1 : 25 000.

Boucle au nord-est de Mosset

Dénivelé
700 m

Difficulté
Nombreuses portions hors sentier.

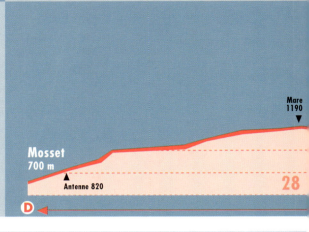

Si la visibilité est bonne et si vous avez le sens de l'orientation - et une boussole - ne manquez pas d'effectuer ce circuit qui visite de spectaculaires chaos granitiques. Région insolite, désolée, aux collines parfumées de thym, de bruyère et de lavande, offrant en hiver des vues insoupçonnées sur le Canigou enneigé : le village fortifié de Mosset, au vieux château ruiné, veille sur la vallée de la Castellane, loin des foules.

🚗 *Rejoindre Catllar au-dessus de Prades et continuer en direction des Bains-de-Molitg (D 14). Se garer à Mosset (12 km de Prades).*

D **Mosset** 700 m. Par des ruelles, monter vers le nord du village.
Laisser à droite les vestiges du château pour emprunter, vers le nord, une piste dont la partie goudronnée se termine trois minutes plus loin à une bifurcation : emprunter la piste de gauche, qu'il serait possible de suivre intégralement mais il semble préférable, au bout d'une centaine de mètres, de gravir une traverse à droite.

0h20 **Grande antenne** 820 m, au nord-nord-ouest de Mosset. Deux minutes au nord, le sentier retrouve la piste qu'il convient de remonter vers la droite. Après un grand hangar (980 m) laissé à droite, elle s'élève en lacet.

A 1027 m, ignorer un embranchement à gauche et poursuivre vers l'est. La chaussée suit ensuite une ligne téléphonique vers le nord. Dix minutes après avoir bien refermé une barrière, laisser une bonne centaine de mètres à droite le Cortal Grabas (1170 m, habité, façade bleue) et poursuivre, sur quelques centaines de mètres, par des chemins vers le nord.

1h30 Après une **mare** 1190 m, à droite, abandonner le chemin principal et suivre le fil de clôture vers le nord-est (vague cheminement herbeux) afin de contourner par la gauche un grand plateau marécageux (La Clause, 1196 m).
A droite d'un bosquet de pins, se glisser par un passage aménagé dans une clôture barbelée. Suivre vers le nord le chemin herbeux en laissant un embranchement à gauche.

Carte de randonnées n° 10 Canigou-Vallespir, au 1 : 50 000.

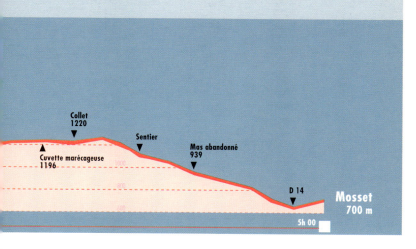

1h45 A 1196 m, filer à droite (est-sud-est) avec d'abord un barbelé à gauche, afin de contourner par le nord la grande **cuvette marécageuse**.

La clôture à gauche fait place à une clôture à droite dont le chemin s'écarte de plus en plus pour progresser vers l'est-sud-est. Quitter le chemin quand il s'incurve vers la gauche (pour s'éle-

droite de chaos granitiques et donnant naissance à un vallon que nous laisserons s'écouler à notre gauche (vers le nord-est). Franchir une clôture.

2h15 Collet, 1220 m, bordé de spectaculaires amoncellements granitiques : suivre un sentier, pendant cinq minutes, vers le sud-est.

Laisser une ruine à droite et se

ver au nord-est) et poursuivre, toujours est-sud-est, pour gagner un vaste amphithéâtre bordé à

diriger vers le sud pour trouver à cent mètres un chemin à utiliser vers la gauche (sud-est) d'abord en légère montée puis en légère descente (plan d'eau à 400 mètres à notre gauche).

2h30 Piste : virer à angle droit vers la droite (sud puis ouest).

Au bout de cinq minutes, elle bifurque : prendre à gauche (ouest) et se diriger a gauche, plein sud, vers un orri en bon état (à droite). Laisser à gauche une grande construction ruinée (Cortal Carau, 1210 m) et filer plein sud, hors sentier, pour traverser un plateau herbeux. Descendre ensuite dans la même direction, en louvoyant entre les blocs et la broussaille.

3h00 Bonne sente à utiliser vers la droite (sud-ouest). Elle coupe un ruisselet à 1095 m et se dirige vers un plateau herbeux. Traverser ce replat herbeux (1070 m) vers le sud-ouest et descendre ensuite dans la même direction.

Franchir un ruisseau à 1030 m et descendre vers le sud-sud-ouest par le sentier de la rive droite. A 970 m, il vire à gauche (est) en direction du Cortal Combo.

3h40 Laisser à gauche ce **mas** 939 m et descendre par le sentier, cinq minutes, vers l'ouest.

A la bifurcation, prendre à gauche (d'abord sud-ouest puis ouest). Ce sentier descend vers Mosset que l'on discerne très bien. On atteint un mas (730 m) dont on descend le chemin d'accès (d'abord vers le nord-ouest) pendant une dizaine de minutes.

On trouve la D 14 en aval du village : la remonter pendant quinze minutes.

5h00 Centre de Mosset.

Champ de fougères au col de Jau

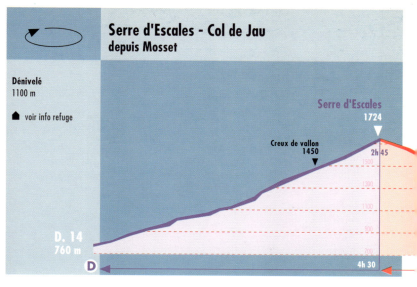

Serre d'Escales - Col de Jau
depuis Mosset

Dénivelé 1100 m

voir info refuge

Les sobres reliefs de la serre d'Escales séparent les Pyrénées-Orientales de l'Aude et de la pénombre de ses forêts de sapins. Au-delà du luxe et de la majesté des grands établissements de Molitg-les-Bains, au-delà des vestiges féodaux de Mosset, un rendez-vous est possible avec la paix d'un piémont délaissé. Pourtant, de beaux parcours de printemps sont réalisables ici, tel celui passant par le col de Jau et le refuge de Calhau (ce dernier permet de scinder le circuit en deux journées).

De la **D 14** 760 m, emprunter, d'abord vers le nord-ouest, une piste s'élevant en lacet vers le nord. Près d'un hangar (910 m), suivre à droite et cent mètres plus loin à gauche. Au bout d'une demi-heure, à une bifurcation (955 m), monter à gauche vers le nord-ouest.
A une seconde bifurcation (borne, 1090 m) prendre encore à gauche (nord-ouest). A la troisième (1110 m) emprunter à droite (nord) le chemin qui remonte la rive gauche du ravin de la Bastide, en gros vers le nord-nord-ouest.

h00 Creux de vallon 1450 m. Continuer vers le nord-ouest, rive droite du ruisseau, le long de prises d'eau maçonnées. A 1565 m on atteint la fontaine del Bon Cristia (source captée). Hors sentier, poursuivre l'ascension vers l'ouest-nord-ouest.

2h45 Serre d'Escales, 1724 m. Suivre la crête vers l'ouest-sud-ouest.
Au niveau d'un col (1505 m), pousser à gauche pour trouver (à 1485 m) et emprunter une piste venant du col de Jau, pratiquement en courbe de niveau.

4h15 Col de Jau 1506 m. Traverser la route goudronnée et s'engager vers le sud sur une piste empierrée, en légère montée.
Trente minutes plus tard, franchir la passerelle sur la Castellane (1537 m) et laisser à droite le refuge du Calhau, pour suivre, en contrebas de la piste, un chemin qui va faire une boucle dans une grande clairière (Jasse del Calhau) et continue en forêt, d'abord vers le nord-est, pratiquement à l'horizontale (il s'agit d'une ancienne petite voie ferrée maintenant « déferrée »).

5h15 Passerelle 1527 m sur le torrent de Canrec. Une demi-heure plus

Serre d'Escales - Col de Jau

tard, laisser le col de Tour (1520 m) à une centaine de mètres à droite et suivre le chemin qui s'oriente vers le nord-nord-est pour contourner le pic de Tour. Il en franchit l'éperon nord à 1515 m et vire à droite (sud-est).

Attention, nous n'allons pas tarder à l'abandonner dès que le ruisselet d'irrigation passera en-dessous.

6h10 A 1510 m, descendre par un

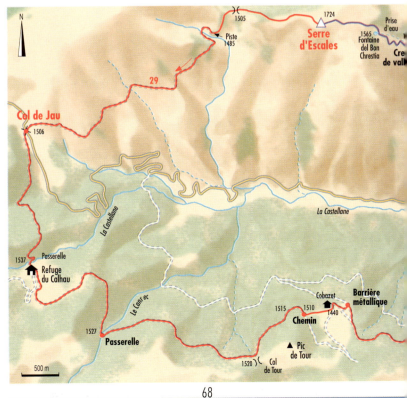

depuis Mosset

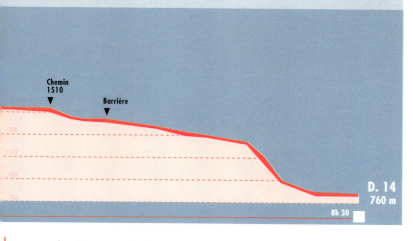

autre **chemin** à gauche (sud-est, puis est). Au bout de dix minutes contourner par la gauche (ouest) une grande ferme (Cobazet, 1440 m) et en suivre la piste d'accès d'abord vers le nord-ouest puis vers le sud-est et finalement vers le nord.

6h30 Barrière métallique à ne pas franchir : descendre quelques mètres à droite et emprunter une piste vers le sud pendant vingt minutes.

A 1365 m, prendre un embranchement à gauche (nord-ouest) de la piste. Il va virer à droite, d'abord vers l'est puis (à 1302 m) vers le sud.

A 1282 m, emprunter à gauche (nord) un ancien sentier qui frôle des ruines (1250 m), file vers le nord-est puis, à 1220 m, plonge nord-nord-ouest dans la forêt... débouche sur la D 14 qu'il convient de prendre à droite.

8h30 Voiture.

Primevère à larges feuilles

Carte IGN n° 2348 ET Prades et 2248 ET Axat-Quérigut, au 1 : 25 000.

Le Dourmidou

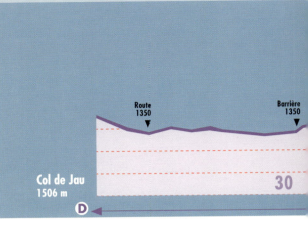

Ce gros dôme débonnaire, au véritable « sommet » incertain, est accessible directement à partir du col de Jau, en une heure environ. Nous vous proposons de varier les plaisir en vous suggérant ce petit circuit printanier ou automnal vers un belvédère très clair (on peut discerner la côte méditerranéenne). Pour ceux que la sieste tente, sachez que ce « pic » est aussi appelé Dormidor.

Monter au col de Jau par la D 14 si l'on vient des Pyrénées-Orientales (Prades, Catllar, Mosset : 25 km) ; par la D 84 si l'on vient de l'Aude (Axat, Sainte-Colombe-sur-Guette).

D _____ **Col de Jau** 1506 m. Descendre dans l'herbe, vers le nord-ouest, d'abord dans l'axe du vallon puis rive gauche du ruisseau de Lapazeuil qu'il convient de laisser dix ou vingt mètres à droite pour éviter des zones marécageuses.

A 1390 m, couper deux branches d'une épingle de la D 84 et passer peu après rive droite du ruisseau pour trouver un chemin presque parallèle à la route laissée en contre-haut à droite.

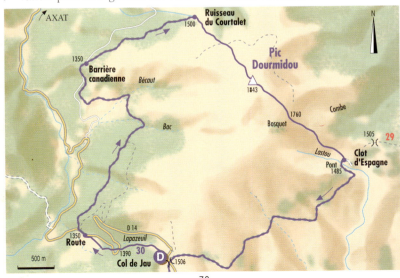

Carte de randonnées n° 10 Canigou-Vallespir, au 1 : 50 000.

depuis le col de Jau

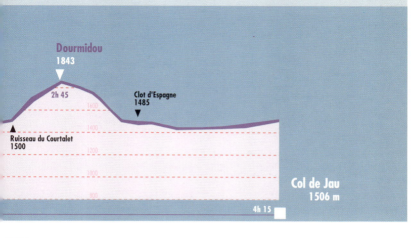

0h25 On retrouve la **route** à 1350 m, quarante mètres en amont d'une borne kilométrique. Suivre vers le nord une large piste interdite à la circulation (barrière) : elle monte d'abord très légèrement.
Après avoir laissé un embranchement à droite (nord-est) elle amorce une faible descente, franchit deux creux de vallon et remonte faiblement.

1h15 A 1350 m, juste avant une **barrière** canadienne (grille anti-bétail) monter vers la droite (est) un frais chemin herbeux et ombragé : tout en longeant à gauche une clôture barbelée. (Elle se déroule jusqu'au sommet du Dourmidou !)

1h45 Ruisseau du Courtalet 1500 m. Poursuivre la montée vers le nord, avec à gauche la clôture qui va faire un angle droit à 1500 m : longer les barbelés, d'abord vers l'est-sud-est et finalement vers le sud-est.

2h45 Pic Dourmidou 1843 m, gros dôme herbeux dont le point haut n'est pas évident. Cairn et jonctions de clôtures. Au début du printemps, par temps clair, la vue sur le massif du Canigou est absolument splendide.

Se diriger vers le sud-est sur une sorte de plateau en légère descente.
Au bout de dix minutes, à 1760 m, laissant à gauche une combe longtemps enneigée et à droite un bosquet de pins, descendre plus franchement, toujours vers le sud-est, vers la boucle (en forme d'oméga) d'une piste.

3h20 Clot d'Espagne, pont sur le ruisseau de Lastou (1485 m) et piste que nous suivrons vers la droite, pratiquement en courbe de niveau, jusqu'au...

4h15 Col de Jau 1506 m.

Vue du col de Jau

Carte IGN n° 2248 ET Axat-Quérigut et 2348 ET Prades, au 1 : 25 000.

Le Madres

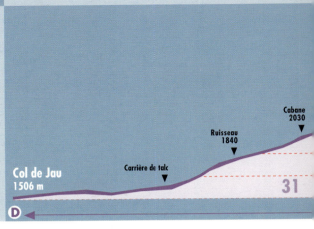

Toutes les crêtes mènent au Madres, que ce soit au départ du col de Sansa, du col de Portos, ou présentement du col de Jau. Ce bel itinéraire forestier conduit vers un sommet qui, en dépit de son apparence débonnaire, est en fait un belvédère remarquable, tant sur le Canigou que sur le Carlit.

Monter au col de Jau par la D 14 si on vient des Pyrénées-Orientales (Prades, Catllar, Mosset) ; par la D 84 si on vient de l'Aude (Axat, Sainte-Colombe-sur-Guette).

D **Col de Jau** 1506 m. Suivre vers le sud, pendant une demi-heure, une piste presque horizontale. Après avoir franchi la passerelle sur la Castellane, laisser le refuge du Calhau (1537 m) à gauche et suivre un chemin en direction du sud-sud-est. A 1570 m, il vire à droite (nord) et s'infléchit ensuite vers l'ouest.

0h50 Cent mètres avant une ancienne **carrière de talc,** prendre à droite (nord-ouest) un sentier balisé en rouge ; il passe un gué et bifurque : emprunter la branche de gauche (d'abord sud-ouest) qui ondule dans la forêt, en légère montée.
A une bifurcation (1685 m), prendre à gauche (ouest) le sentier qui ne tarde pas à monter raide vers le sud. Il se poursuit ensuite vers l'ouest, presque horizontalement.

1h30 Traverser un **ruisseau** 1840 m et filer d'abord vers l'ouest-nord-ouest à plat puis vers l'ouest, en légère montée.
Traverser la Castellane et s'élever vers l'ouest : on grimpe sur les blocs d'un verrou.
Traverser à nouveau le torrent et monter à flanc vers l'ouest.

2h00 **Cabane** de berger 2030 m. Descendre au sud-ouest dans une immense cuvette herbeuse (2025 m) que l'on traverse vers l'ouest-sud-ouest en direction d'un piton rocheux (2344 m). A 1270 m, traverser à nouveau la Castellane et s'élever vers l'ouest.

2h25 A 2240 m, nous avons à gauche le piton coté 2344 m et, en contrebas à droite, un replat herbeux. Filer vers l'ouest, d'abord horizontalement. Laisser à gauche un pierrier (marmottes) et monter vers le sud-ouest.

72

Carte de randonnées n° 8 Cerdagne-Capcir, au 1 : 50 000.

depuis le col de Jau

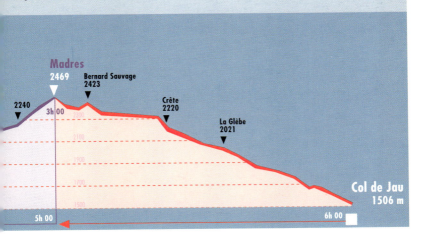

On atteint un col (2410 m, névé persistant souvent tout l'été) d'où il suffit de s'élever plein sud pendant dix minutes.

3h00 Madres 2469 m.

Cabane de pierre. Vue immense par temps clair.
Les randonneurs peuvent revenir en circuit de la façon suivante : redescendre au col 2410 m et continuer à flanc, d'abord vers le nord-ouest pour contourner un amas rocheux (2420 m). D'un col (Malpas, 2380 m), monter au nord-est.

3h25 Pic du Bernard Sauvage 2423 m.

Suivre la crête vers l'est : le rebord sud (vallée de la Castellane) est

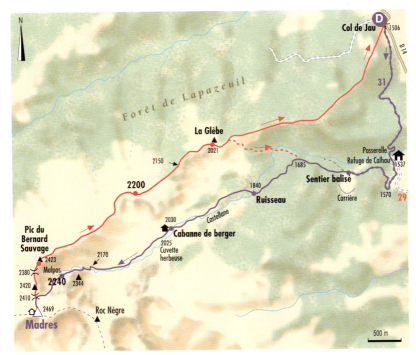

Carte IGN n° 2249 ET Font-Romeu - Capcir, au 1 : 25 000.

abrupt mais l'autre (nord) se présente comme un plateau peu incliné, ce qui permet d'éviter par la gauche quelques petites éminences.

4h00 A 2200 m, laisser la **crête** virer à droite (sud-est) et poursuivre vers l'est, sur le plateau, en légère descente, pendant cinq minutes. On retrouve la crête à 2150 m : emprunter vers le nord-est, flanc droit, un petit sentier.

4h30 Laisser à gauche une éminence rocheuse (**la Glèbe**, 2021 m) et choisir entre les deux solutions suivantes :
➡ Poursuivre vers l'est par la crête qui se couvre d'une forêt plus ou moins propre...
➡ Descendre à droite (sud-est) pour retrouver l'itinéraire aller.

6h00 Col de Jau.

Le Madres depuis le col de Jau

Pic Gallinasse - Serra del Roc Nègre
depuis Batère

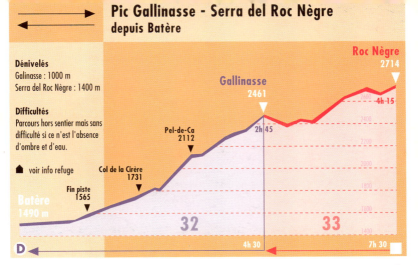

Dénivelés
Galinasse : 1000 m
Serra del Roc Nègre : 1400 m

Difficultés
Parcours hors sentier mais sans difficulté si ce n'est l'absence d'ombre et d'eau.

voir info refuge

Le site des mines de Batère, à une quinzaine de kilomètres de Corsavy, rappelle que le Vallespir fut le siège d'une activité d'extraction de fer et de forge très importante jusqu'à la fin du xixe. Mineurs, muletiers, charbonniers peuplaient des villages aujourd'hui peu animés.
Crête est du massif du Canigou, la serra del Roc Negre permet de monter du Canigou par les Cortalets (pour montagnard), de réaliser une traversée du massif jusqu'à Mariailles, San Guillem ou au col de la Régine (dans tous les cas, penser à se faire récupérer) ou bien simplement (!) de s'offrir un bel exercice hors sentier.

Quitter la D 115 à l'extrémité ouest d'Arles-sur-Tech pour emprunter, à droite, la D 43. Traverser Corsavy (à 8 km d'Arles) et continuer par la D 43 pendant 14 km.

D — **Batère**. Fin de la route, 1490 m. Suivre la piste vers l'ouest-nord-ouest. Cinq minutes plus tard, elle vire à droite (est). A 1522 m, elle repart vers le nord-ouest.

0h15 Terminus de la piste 1565 m. Plateforme, ferrailles, pylône sans fil. Monter à gauche (ouest) pour trouver un chemin herbeux, s'élevant à flanc.
A droite, grande carrière à ciel ouvert.
Le sentier grimpe vers le nord-nord-ouest dans la pierraille, se repose sur un replat, descend légèrement, laisse une grotte à droite et s'élève rudement.

0h40 Col de la Cirère 1731 m. S'élever vers l'ouest-sud-ouest par une sente à flanc qui évite par la

Les itinéraires du massif du Canigou

gauche (par le sud) une éminence de 1806 m.
Du col (1795 m), monter pleine crête, en sensiblement vers le sud-ouest, en utilisant une sente cairnée qui se faufile entre les rochers et la végétation.

1h45 Après **Pel-de-Ca** (amas rocheux de 2112 m), s'élever vers le sud-ouest mais assez nettement à droite de la crête, de façon à laisser à gauche une éminence cotée 2266 m. On rejoint la crête à 2300 m : la suivre vers l'ouest-nord-ouest pendant vingt-cinq minutes.

2h45 Pic Gallinasse 2461 m. Descendre pendant dix minutes toute crête, à l'ouest.
Du Pla des Eugues (col, 2371 m), s'élève facilement par la crête rocheuse au nord-ouest. Une bonne heure après le Gallinasse on trouve un gros cairn sur un avant-sommet (2619 m). Perdre une dizaine de mètres avant de monter à 2698 m et de descendre à un collet (2660 m) juste avant le Puig del Roc Negre.

4h15 Puig del Roc Negre parfois appelé « Signal », 2714 m. Vue immense et splendide par temps clair.

DU PUIG DEL ROC NEGRE AU CANIGOU
La crête reliant le Puig del Roc Negre au Puig-Sec n'est accessible, surtout à la descente, qu'aux montagnards : les simples randonneurs qui voudraient, par temps sûr, poursuivre vers le Canigou et les Cortalets, doivent en être bien avertis et procéder comme suit : du Puig del Roc Negre, descendre avec précaution à la Porteille de Léca (2594 m) à vingt minutes au sud-ouest. Plonger ensuite au nord vers les gourgs (laquets) du Cady et perdre ainsi de l'altitude jusque vers 2300 m, avant de remonter à la porteille de Valmanya et au pic Canigou.
Il faut compter 2h30 du Roc Negre au Canigou et 1h30 pour descendre aux Cortalets ce qui, depuis Batère, fait plus de 8h de marche et 1800 m de montée ! Cette solution n'est donc pas très judicieuse à la montée. Par contre, ayant dormi aux Cortalets, on peut monter très tôt au pic et revenir à Batère par la Serra del Roc Negre.

Anciennes mines de Batère

Carte de randonnées n° 10 Canigou-Vallespir, au 1 : 50 000. Carte IGN n° 2349 ET massif du Canigou, au 1 : 25 000.

Le Tres Vents
depuis la fontaine du Brigadier

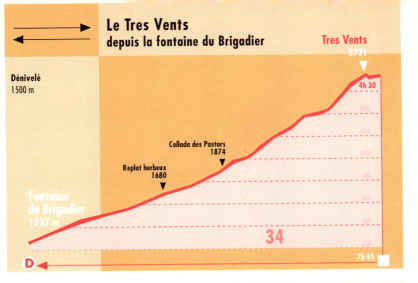

Second sommet du massif par l'altitude (le Canigou ne le dépasse que de 53 m), le Tres Vents (prononcez Bents) a trois faces regardant au nord le cirque du Cady, à l'est la haute vallée du Riuferrer, à l'ouest la haute vallée de la Coumelade. Il a aussi deux sommets : l'un, 2727 m, à la jonction des trois faces, l'autre, quatre cents mètres au sud-est étant à peine plus élevé (2731 m). Il a enfin une longue crête sud-est bien ensoleillée et, en conséquence, généralement praticable d'avril à Noël.

Si le pic du Canigou est justement revendiqué par les « Nordistes » de la vallée de la Têt, le Tres Vents appartient lui aux « Sudistes » du Vallespir. A la différence de son prestigieux voisin, il ne connaît pas d'affluence record en période estivale. Dès avril, les randonneurs biens équipés peuvent remonter sa longue crête encore un peu enneigée. En plein été par contre, il convient de l'inclure dans un circuit ou dans une traversée afin d'éviter la monotonie d'un aller et retour.

En amont du village du Tech (entre Arles et Prats), quitter la D 115 pour monter, d'abord vers le nord-est, la D 74a sur 7 km. Au hameau de la Llau, continuer à droite (est) : au bout de deux kilomètres (col de la Roue), laisser à gauche (ouest) l'embranchement de San Guillem et continuer, d'abord vers le nord, par une piste carrossable, sur 4 kilomètres.

Se garer à proximité d'une fontaine avec table d'orientation et bancs pour le pique-nique. Remplir les gourdes si ce n'est fait et boire longuement, préventivement !

D — **Fontaine du Brigadier** 1257 m. Monter vers le nord-ouest par une piste utilisable par les 4 x 4. Du pla de Rodes, 1540 m (sur la crête à l'ouest de la Souques), atteint en trois quarts d'heure, la piste s'élève vers le nord puis, à 1590 m, vire à gauche (ouest).

1h15 Replat herbeux et marécageux, 1680 m. Bifurcation : prendre à gauche (nord-ouest puis rapidement sud-ouest).

A 1740 m, la piste franchit la crête principale du Tres Vents.

A 1780 m la piste fait place à un sentier filant à flanc vers le nord-nord-ouest. Abandonner ce sentier au bout de cinq minutes quand il redescend et s'élever à droite (nord) par des sentes discontinues (dans le doute, pousser à droite et monter au maximum).

2h00 Collada des Pastors 1874 m. Il « suffit » de remonter intégralement la crête du Tres Vents, non visible de cet endroit car masqué par un « faux sommet ». Quelques repères ponctuent la progression. A 1980 m, replat avec cabane ruinée.
A 2372 m, première éminence.
A 2425 m, seconde éminence qui laisse croire que le sommet est en vue mais ce n'est que l'avant sommet (2658 m, cairn) situé un quart d'heure avant le pic.

4h30 Tres Vents 2731 m. Signal géodésique. Continuer par la crête sur 400 mètres au nord-ouest jusqu'à la jonction d'arêtes (2727 m), afin d'avoir une vue beaucoup plus complète et beaucoup plus intéressante sur le cirque de Cady.

Etang supérieur du Tres Vent

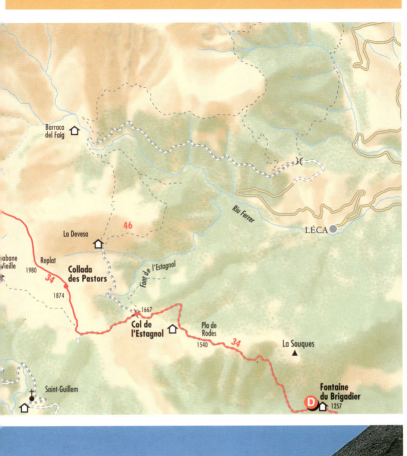

Les itinéraires du massif du Canigou

Col des Boucacers - Le Rougeat ou Puig Roja

Dénivelés
Col des Boucacers : 500 m
Le Rougeat : 1200 m

Difficulté
Parcours hors sentier.

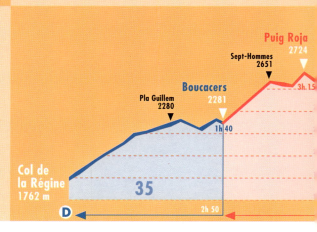

Au cœur du massif du Canigou, ce circuit de crêtes sauvages, spectaculaire et facile, permet d'admirer l'impressionnante face sud du Canigou dominant le cirque du Cady. On découvre également tout le Vallespir et la chaîne frontière du Costabonne aux Albères.

A Prats-de-Mollo, prendre la D 115a (vers La Preste). La quitter au bout de 3,5 km pour suivre à droite (nord) la petite route du col de la Régine (à environ 16 km).

D — **Col de la Régine** 1762 m. Prendre à l'ouest le sentier qui s'élève sur l'éperon, d'abord un peu à flanc et ensuite sur le faîte, vers le nord-ouest.
On atteint le rebord du plateau (Pla Guillem) à 2280 m : filer à plat vers le nord-est, passer à un col (2277 m) et continuer dans la même direction.

1h40 Col des Boucacers 2281 m. S'élever vers le nord-est pendant cinquante minutes sur une pente raide mais facile.
On atteint le pic des Sept-Hommes (2651 m, gros cairn). Suivre la crête vers l'est :
Elle descend à 2621 m, remonte au pic de Bassibes (2637 m), redescend à un col (2616 m) et entame la montée finale vers le Rougeat.

3h15 Rougeat ou Puig Roja 2724 m, gros dôme où le point haut n'est pas évident ! (Deux cents mètres au nord, une autre éminence est également cotée 2724 m : on pourrait parler d'un « Rougeat sud » et d'un « Rougeat nord ».) Descendre par la crête au sud-sud-est.
A 2425 m, on passe une brèche entre de gros blocs avant de remonter un tas de rochers (2439 m) et de poursuivre la descente.
D'un col herbeux (2010 m), contourner par la droite le Puig de Gallinas (2029 m). Quand on retrouve la crête, emprunter un sentier, d'abord un peu sur le flanc est puis sur le faîte où apparaissent quelques résineux.
Descendre ensuite entre les rochers, vers le col de Serre Vernet.

5h00 Col de Serre Vernet 1808 m. Un sentier balisé franchit ce col, soixante mètres au nord du point bas, près d'une cabane ronde : suivre ce bon sentier, en légère

depuis le col de la Régine

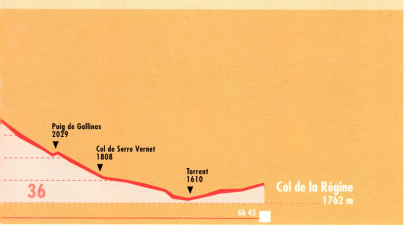

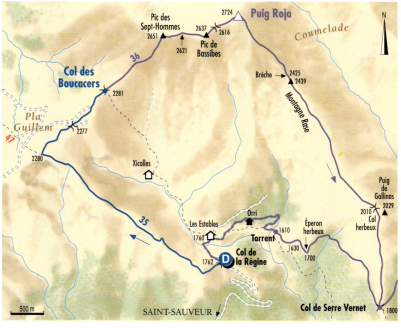

descente, d'abord vers le nord.
A 1700 m, il passe un creux de vallon et, dix minutes plus tard, trouve un éperon herbeux qu'il descend vers le sud (deux minutes) avant de reprendre sa progression à flanc.
Sur une zone herbeuse (1630 m), le sentier descend en lacet (peu visible), approximativement vers le sud-ouest. Fait suite une portion plus nette, descendant à flanc dans les éboulis vers le torrent au nord.

5h50 Traverser ce **torrent** à 1610 m (zone très ravinée) et remonter, d'abord vers l'ouest, par un large chemin permettant l'accès aux travaux de soutènement : ce chemin fait une épingle vers la droite, laisse un embranchement à

Les itinéraires du massif du Canigou

l'est et se poursuit vers le sud-ouest. On rejoint le refuge pastoral des Estables (1755 m) dont il suffit de suivre la piste d'accès pendant un quart d'heure.

6h45 Col de la Régine 1762 m.

Il est possible d'écourter ce circuit de diverses façons.
. On peut se garer près du refuge des Estables et monter directement au col des Boucacers.
. De la brèche entre les gros blocs, 2425 m, on peut descendre sur le pla dels Isards (2292 m) au sud-ouest et poursuivre vers le sud-ouest pour gagner une croupe qui s'abaisse vers le sud puis vers le sud-ouest jusqu'aux Estables où nous arriverons immanquablement : en effet, du refuge pastoral, un bon chemin s'élève doucement vers le nord-est : nous y aboutissons sans coup férir même si nous descendons plein sud depuis le pla dels Isards.

Col des Boucacers et pic des Sept Hommes

Le pic du Canigou
depuis le chalet des Cortalets. Variante par la crête du Barbet

Dénivelés
700 m
Par la crête : 800 m

🏠 voir info refuge

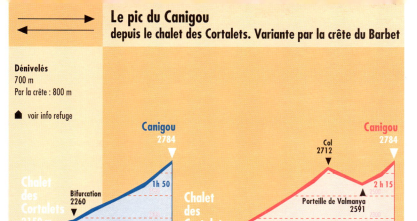

Longtemps considéré comme la plus haute cime des Pyrénées, le Canigou est une montagne vénérée, allant jusqu'à éveiller un sentiment de sacré. Le pic exerça longtemps un pouvoir terrifiant sur les voyageurs tentés de le courtiser. Et puis le frisson disparaîtra ; l'imagination s'enchante. En 1899 est inauguré le chalet des Cortalets. Aujourd'hui le Canigou est devenu l'emblème des Catalans mais aussi un lieux généreux pour tous les marcheurs.
Cet itinéraire aussi facile que classique est emprunté chaque matin d'été par une bonne centaine de promeneurs ! Vous ne risquez pas de vous perdre. Les randonneurs combineront (à l'aller ou au retour) ce parcours avec celui passant par la crête du Barbet, afin de composer un inoubliable circuit, vivement recommandé dans la fraîcheur de l'aube.

🚗 Jusqu'aux Cortalets depuis Fillols ou Taurinya par le col de Millères (D 27) puis par une piste difficilement carrossable. Mais il est préférable de se faire conduire en taxi depuis les villages de la vallée. Ou bien laisser la voiture au col de Millères et compter 3h45 de marche.

D ⎯⎯⎯ Du **chalet des Cortalets**, 2150 m, le chemin balisé en rouge et blanc (GR 10) s'engage dans la forêt au sud-ouest et vire à droite (ouest) vers le lac (2164 m) qu'il laisse à gauche.
Le sentier s'élève ensuite vers le sud-ouest et, à 2200 m, vers le nord-ouest.

0h20 Bifurcation 2260 m, près de la fontaine de la Perdrix (source captée) : laisser le GR 10 descendre à droite et continuer par le

---

Carte de randonnées n° 10 Canigou, au 1 : 50 000. Carte IGN n° 2349 ET massif du Canigou, au 1 : 25 000.

sentier principal qui monte pour contourner le pic Joffre (2362 m), au sud-ouest. Bien marqué, évident, facile, le sentier gravit ensuite la crête au sud en se maintenant un peu sur le flanc ouest.

1h50 Pic du Canigou 2784 m. Vue immense et splendide par temps très clair. Table d'orientation et croix.

LE CANIGOU PAR LA CRÊTE DU BARBÉT

D _____ **Chalet des Cortalets** 2150 m. Emprunter, vers le sud-sud-est, un sentier balisé en rouge qui s'élève sur une croupe boisée.
A 2350 m, on sort de la forêt. Laisser à gauche un énorme cairn et continuer par le sentier montant en lacet, sensiblement vers le sud, un peu à droite de la crête. On retrouve cette crête à 2490 m. Le sentier la suit vers le sud-ouest, toujours un peu flanc droit.

1h25 Col 2712 m, sur la crête du Barbet. On peut suivre, à l'ouest, cette crête qui s'élève jusqu'à 2733 m et plonger ensuite au sud... Mais, du col coté 2712 m, on peut aussi descendre directement vers la porteille de Valmanya, au sud-ouest, par une bonne sente dans la pierraille.

1h35 Porteille de Valmanya 2591 m. Prendre le sentier tracé à flanc, vers le nord.
En un quart d'heure on atteint la brèche Durier (2696 m) qu'on laisse à droite pour gravir la célèbre « Cheminée du Canigou » : immense escalier spectaculaire et sans la moindre difficulté que l'on peut monter sans jamais poser les mains (rester groupés cependant et veiller aux chutes de pierres).

2h15 Pic du Canigou 2784 m. Revenir avec les promeneurs par la V.N.

Le Canigou

Le pic du Canigou
depuis Batère par le GR 10 et les Cortalets

Dénivelé
2000 m pour les deux journées.

🏠 voir info refuge

La face est du Canigou

Pour « faire » le Canigou depuis le Vallespir, la solution classique consiste à monter en voiture jusqu'à Batère. La randonnée suivra alors le cours de deux prestigieux itinéraires : le GR 10 et la HRP. L'itinéraire franchit le col de la Cirère pour cheminer, versant nord du massif, sur le « Balcon du Canigou ».

D — **Batère**. Fin de la route, 1490 m. Suivre la piste vers l'ouest-nord-ouest. Cinq minutes plus tard, elle vire à droite (est). A 1522 m, elle repart vers le nord-ouest.

0h15 Terminus de la piste 1565 m. Plate-forme, ferrailles, pylône sans fil. Monter à gauche (ouest) pour trouver un chemin herbeux s'élevant à flanc.
Laissant à droite une grande carrière à ciel ouvert, nous passons sur de profondes excavations (1665 m).
Le sentier grimpe vers le nord-nord-ouest dans la pierraille, se repose sur un replat, descend légèrement, laisse une grotte à droite et s'élève rudement

0h45 Col de la Cirère 1731 m. Le sentier descend en pente douce à découvert, vers le nord-ouest puis vers le nord, dans la forêt. Il franchit un ruisseau à 1600 m, monte un peu, descend en lacet et finalement remonte légèrement pour passer un éperon juste avant une maison forestière.

1h40 Maison forestière de l'Estanyol, 1479 m. Le sentier effectue un Ż et file, sensiblement vers l'ouest, en légère montée, dans la forêt de Valmanya.

2h25 Abri de Pinatell 1650 m. Le sentier entame vers l'ouest une longue portion presque horizontale. Trois quarts d'heure après l'abri, il franchit plusieurs cours d'eau (1660 m) et entame vers le nord-est un passage à flanc, en légère montée, mais bien exposé aux ardeurs du soleil matinal.

3h45 Ras del Prat Cabrera 1739 m, replat sur un éperon. Une piste carrossable montant des environs de Prades passe là qui, en amont, a saccagé l'ancien sentier : emprunter à gauche cette route en balcon pour s'élever vers le nord-ouest.

Carte de randonnées n° 10 Canigou, au 1 : 50 000. Carte IGN n° 2349 ET massif du Canigou, au 1 : 25 000.

Le pic du Canigou

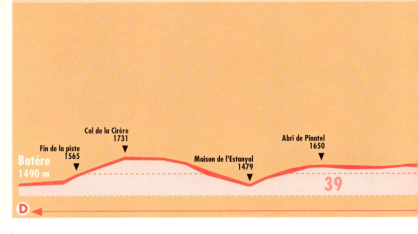

5h00 Ras dels Cortalets 2055 m.
Jonction avec la piste montant du col de Millères (à 15 km). Évitant la circulation, une traverse monte directement vers le sud-sud-ouest en laissant les pistes à droite.

5h20 Chalet des Cortalets 2150 m.
Pour monter au pic, voir la description page 83.

Variantes pour le retour à Batère

➡ **1.** Par la crête du Barbet
Du Canigou, descendre au sud la cheminée un peu impressionnante vue d'en-haut mais très facile (veiller à rester groupés et à faire attention aux chutes de pierres) et atteindre la porteille de Valmanya, 2591 m. Monter par un sentier au nord-est, vers la crête du Barbet (2712 m) que l'on suivra vers le nord-est.
Cette crête bifurque à 2489 m : avant ce point, descendre à gauche (nord) vers le refuge.
(Pour éviter la piste, il est possible de suivre une variante du GR 10 partant du chalet des Cortalets et conduisant à Prat Cabrera : voir les cartes.)

➡ **2.** Par La Serre-de-Roc-Negre
Comme pour la première variante, descendre à la porteille de Valmanya.

Deux solutions sont ensuite possibles :

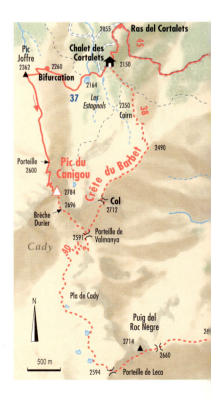

Carte de randonnées n° 10 Canigou, au 1 : 50 000. Carte IGN n° 2349 ET massif du Canigou, au 1 : 25 000.

depuis Batère par le GR 10 et les Cortalets

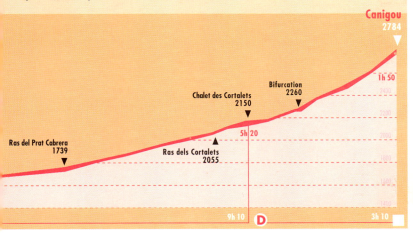

➡ Les montagnards continueront par la crête au sud en feintant légèrement le Puig Sec par une sente du flanc ouest. Ensuite, il faudra s'aider un peu des mains pour gravir la crête en direction du Puig del Roc Negre, 2714 m.

De ce sommet, suivre à l'envers l'itinéraire de La Serre del Roc Negre.

. Les randonneurs descendront sur le pla de Cady (2300 m) avant de remonter vers le sud le chapelet de laquets (gourgs) et atteindre la porteille de Leca (2594 m) au sud-est du gourg supérieur. De ce passage on peut feinter par la droite, flanc sud, le point culminant de la Serre-del-Roc-Negre, mais quelques passages sur des dalles demandent un minimum d'attention.

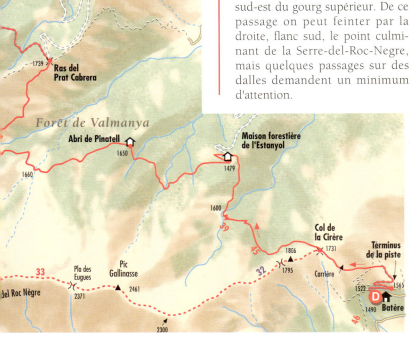

Les itinéraires du massif du Canigou

Le pic du Canigou

Dénivelé
1400 m

🏠 voir info refuge

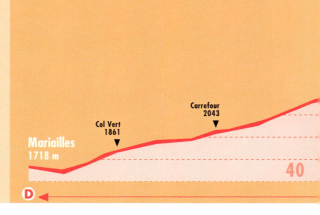

A partir du remarquable site de Mariailles, cet itinéraire permet tout à la fois de gravir le pic de façon spectaculaire (par sa cheminée du flanc sud) dans un décor minéral brûlé par le soleil puis, suivant le GR 10, de découvrir l'éxubérante végétation à l'ombre du flanc nord.

🚗 De Vernet-les-Bains, suivre la D 116 vers le sud, traverser Casteil et gravir la petite route du col de Jou (1125 m). Monter ensuite, en gros vers le sud-est, par la piste de Mariailles.

D ──── **Mariailles** 1718 m. Suivre un chemin vers le sud marqué par le balisage rouge et blanc du GR 10 et du GR 36. Il franchit le torrent de la Llipodère à 1685 m et remonte vers l'est. Après deux grands lacets sous les pins, on traverse le ravin des Sept Hommes et l'on retrouve la forêt.

0h40 Col Vert 1861 m. Le sentier s'élève vers l'est (droite) en pente douce.
A 1964 m, traverser le Cady à gué et monter vers le nord, par un bon sentier, pendant un quart d'heure.

1h30 Carrefour de sentiers 2043 m. Abandonner le GR 10 pour s'engager à droite (est) sur le sentier de la cabane Arago.
Dépasser celle-ci (2123 m) et continuer le sentier, évident. Il s'élève doucement vers l'est-nord-est, rive droite mais très à l'écart du Cady. Après le pla de Cady (2318 m), il grimpe en lacet sensiblement vers le nord-est.

Le refuge de Mariailles

Carte de randonnées n° 10 Canigou, au 1 : 50 000. Carte IGN n° 2349 ET massif du Canigou, au 1 : 25 000.

depuis Mariailles

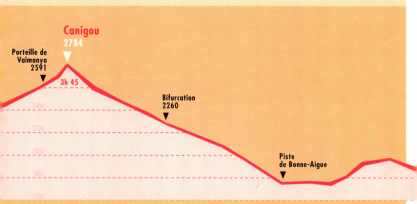

3h00 Porteille de Valmanya 2591 m. Le sentier monte au nord-nord-ouest vers la Brèche Durier (2696 m) et atteint la base de la « cheminée » qui s'escalade très facilement, comme un grand escalier (rester groupés à cause des chutes de pierres).

3h45 Pic du Canigou 2784 m. Descendre par le bon sentier qui suit la crête nord, un peu flanc gauche, et contourne le pic Joffre. A 2253 m, à proximité de la fontaine de la Perdrix, le GR 10 réapparaît qu'il faudra suivre jusqu'à

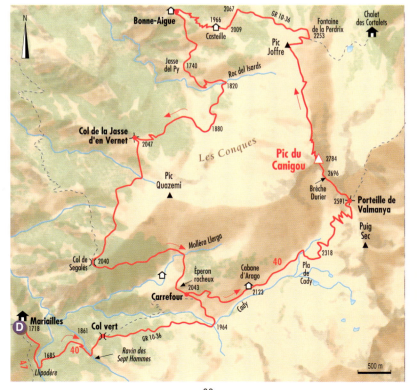

Les itinéraires du massif du Canigou

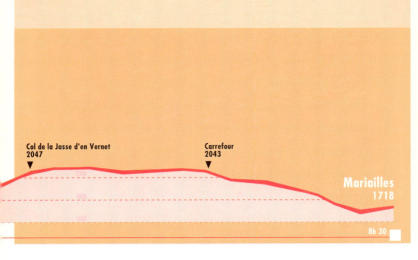

Mariailles : il descend doucement à flanc vers le nord, repasse l'éperon nord-ouest du pic Joffre à 2067 m, descend vers le sud-ouest, passe un creux de vallon à 2009 m.
De l'abri de la Casteille (1966 m), le sentier s'abaisse en lacet.

5h15 Piste de **Bonne-Aigue** (le refuge, 1741 m, est en contrebas) : l'emprunter vers la gauche (d'abord sud-est) presque horizontalement. Un quart d'heure plus tard, de la Jasse del Py (1740 m), le sentier s'élève vers le sud-est, traverse le ravin du Roc dels Isards, à 1820 m, monte encore pour traverser les Conques (1880 m), zone d'éboulis instables, très ravinés sur le flanc nord-ouest du Canigou.

L'ascension est ensuite régulière, d'abord entre les grandes herbes, puis en sous-bois.

6h20 Col de la Jasse d'En Vernet 2047 m. Le sentier monte doucement vers le sud et se stabilise en balcon vers 2100 m.
Il descend ensuite au col de Segalès, à trente minutes du col précédent. De ce col Ségalès (simple replat, 2040 m, sur la crête sud-ouest du Quazemi), le sentier file ensuite sur le versant sud du Quazemi, presque en courbe de niveau, traverse deux petits ravins, franchit un petit éperon rocheux et atteint le croisement 2043 m, où l'on reconnaît l'itinéraire aller qu'il suffit de suivre en sens inverse.

8h30 Mariailles.

Mariailles

Les itinéraires du massif du Canigou

Le pic du Canigou
depuis Vernet

Dénivelé
1400 m

🏠 voir info refuge

La Crête du Barbet

> L'agréable station thermale de Vernet-les-Bains constitue une base idéale pour parcourir toute la région nord-ouest du massif, en combinant de remarquables circuits. Compte tenu de l'importance dénivellation et de la durée du circuit, il est plus que conseillé de dormir aux Cortalets.

🚗 Sortir de Vernet par la route de Fillos (D 27). Laisser le cimetière à droite et franchir le pont, 710 m. Trois cents mètres après ce pont, à 723 m d'altitude, prendre une piste à droite (est-sud-est) et se garer au bout de cinq cents mètres.

D _____ **Carrefour d'itinéraires** 796 m. Emprunter vers l'est le chemin du col de Juell : il franchit le torrent et s'élève dans le creux de vallon.
Du col de Juell (899 m, atteint en vingt minutes), poursuivre à flanc le bon sentier presque horizontal. Dix minutes plus tard, laisser descendre à gauche (nord) le sentier conduisant à Fillols.

0h40 Panneau et **bifurcation** 990 m. Suivre vers l'est-sud-est (en face) le sentier qui ondule à flanc, va franchir la rivière de Fillols à 1000 m et grimpe rejoindre la piste reliant le col de Millières aux Cortalets.

1h10 On trouve cette **piste** dans une épingle, à 1060 m. La remonter de quelques pas vers le nord. A 1070 m, prendre à droite (sud-est) à un embranchement qui se prolonge par un sentier s'élevant vers le sud-est, rive droite du torrent de Fillols.

3h30 Col des Voltes 1838 m, où passe la piste croisée à 1060 m : la remonter vers le sud-est pendant une petite heure.

4h20 Ras dels Cortalets 2055 m. Prendre au sud-sud-ouest la traverse sur la croupe herbeuse.

4h45 Chalet des Cortalets 2150 m. Emprunter l'itinéraire classique du Canigou.

6h30 Pic du Canigou 2784 m.

Conseil

Le premier jour, il suffit de monter doucement, manger et dormir au chalet-refuge des Cortalets.
Le lendemain à l'aube, monter au

Le pic du Canigou

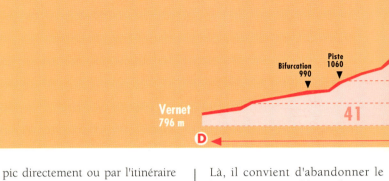

pic directement ou par l'itinéraire Barbet-cheminée et redescendre par la voie normale vers le pic Joffre.
Pour le retour, il est possible de suivre le GR 10 qui descend vers le refuge de Bonne-Aigue (1741 m).

Là, il convient d'abandonner le balisage rouge et blanc, de suivre le sentier passant à la Portella de Dalt (1390 m) et de descendre toujours jusqu'à retrouver votre véhicule, à 790 m.

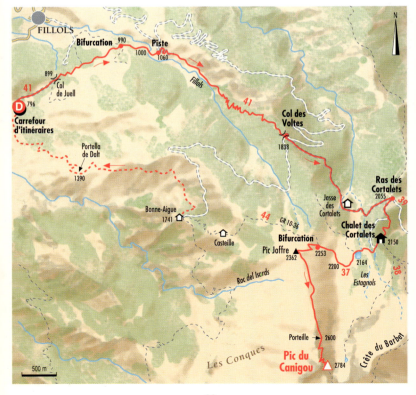

Les itinéraires du massif du Canigou

depuis Vernet, par le col des Voltes

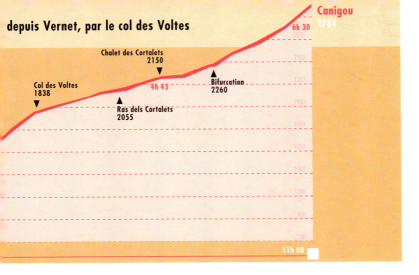

Le Canigou versant Taurinya

Les itinéraires du massif du Canigou

Le pic du Canigou

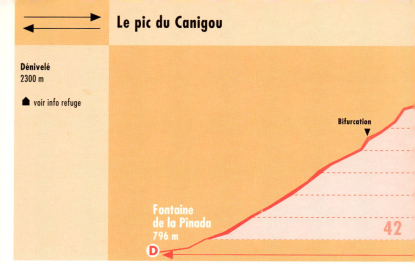

Dénivelé 2300 m

voir info refuge

Fontaine de la Pinada 796 m

Bifurcation

42

Ce très bel itinéraire ombragé permet de prendre rapidement de l'altitude et de cheminer ensuite sur les crêtes. Bien que la course soit réalisable dans la journée, il est préférable d'aller dormir aux Cortalets et de descendre par une autre voie afin d'effectuer un circuit.

D 27 (route Prades-Vernet). *Se garer au sud de Taurinya, près de la fontaine de la Pinada, à la bifurcation de la D 27 et de la petite route portant le panneau « Clara ».*

D **Fontaine de la Pinada** 580 m. Prendre la petite route au sud (panneau « Clara ») et la suivre pendant dix minutes. Emprunter alors un chemin (panneau 1,5 t) à gauche de la route. Juste après le pont (622 m), grimper à droite par un bon sentier qui file ensuite à flanc vers le col du Jual, au nord-est, où il ne faut pas aller !

0h20 S'engager à droite (sud) sur un autre **sentier**, moins important, bien tracé et ombragé, grimpant en lacet, en gros vers le sud-est. Après des ruines et un orri (1365 m), s'élever ensuite à découvert sur l'éperon séparant la vallée de la Litera (ou vallée de Taurinya) de la haute vallée de Clara. A 1430 m, le sentier passe dans la forêt du flanc est.

2h50 Bifurcation presque sur le faîte de l'éperon : monter à droite. On rejoint la crête dix minutes plus tard, à 1860 m, à proximité du Roc Mosquit que l'on a contourné. Le sentier se poursuit un instant flanc est pour éviter le Roc Miquelet (1939 m) puis la Souccarade (2044 m) par la gauche. On retrouve la crête à 2010 m, juste au sud de la Souccarade. Le sentier se prolonge, pratiquement à l'horizontale, très proche du fil mais un peu sur le flanc ouest.

4h20 Ras dels Cortalets 2055 m, où se réunissent plusieurs pistes... que nous n'utiliserons pas : monter vers le sud-sud-ouest sur la croupe, dans les pelouses (réglisses) pendant dix minutes.
Laisser à droite le coude de la piste conduisant au refuge et utiliser le sentier, vers le sud.

4h40 Chalet des Cortalets 2150 m.
La montée au pic, à partir du chalet, est décrite page 83.

6h30 Pic du Canigou 2784 m.

94

Carte de randonnées n° 10 Canigou, au 1 : 50 000. Carte IGN n° 2349 ET massif du Canigou, au 1 : 25 000.

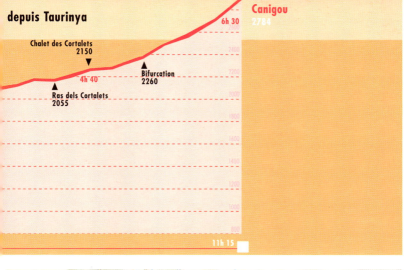

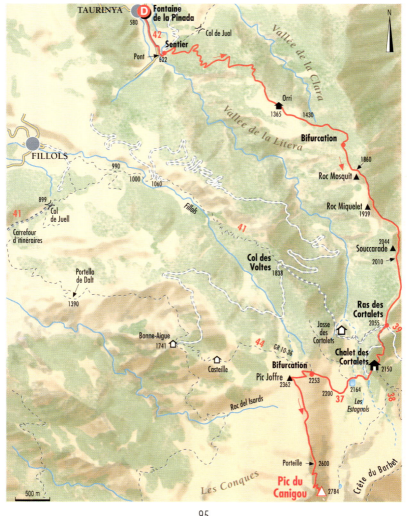

Les itinéraires du massif du Canigou

Le pic du Canigou

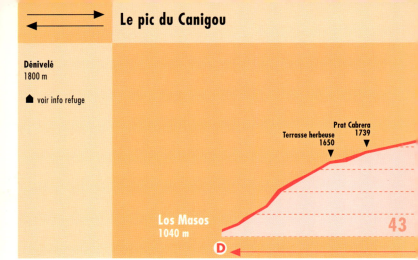

Dénivelé 1800 m

voir info refuge

Relativement peu utilisé, cet itinéraire est pourtant logique, direct, rapide et faisable dans la journée malgré l'importante dénivellation. Il est bien évidemment recommandé de dormir au refuge des Cortalets.

D 13 jusqu'à Valmanya et D 13d au-delà jusqu'à Los Masos. Se garer près de la rivière (La Lentilla), dès les premières maisons du hameau.

D — **Los Masos** 1040 m. Monter par la piste vers le nord du hameau. A la dernière maison, descendre un instant par une piste herbeuse vers le nord et prendre à gauche de la barrière un sentier qui monte en lacet, en gros vers le nord, sur une croupe assez pentue. A 1260 m, le sentier passe sous les hêtres. Trois cents mètres plus haut, les pins ont remplacé les feuillus.

1h50 Terrasse herbeuse 1650 m, sur la crête nous séparant de la vallée du Llech (la piste montant à Prat Cabrera est juste en contrebas à l'ouest).
Suivre cette crête vers la gauche (sud-ouest).

2h10 Prat Cabrera 1739 m. On rejoint la piste et l'itinéraire décrit à partir de Batère.

Les itinéraires du massif du Canigou

depuis Los Masos

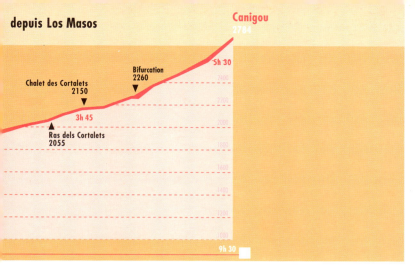

3h45 Chalet des Cortalets 2150 m (voir page 83).

5h30 Pic du Canigou 2784 m.

Variante De Prat Cabrera on peut suivre la variante GR 10 sur la crête à l'ouest-sud-ouest pour aller aux Cortalets. On peut même abandonner cette variante à 2070 m quand elle part vers le nord, presque horizontalement, et gravir la crête du Barbet (voir l'itinéraire Barbet-Canigou, page 84).

Environs de Valmanya

Carte de randonnées n° 10 Canigou, au 1 : 50 000. Carte IGN n° 2349 ET massif du Canigou, au 1 : 25 000.

Le tour du Canigou

Dénivelé 750 m

voir info refuge

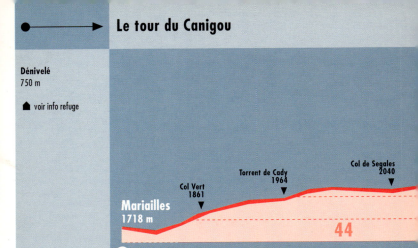

D — **Maison forestière de Mariailles** 1710 m. Il va « suffire » de suivre le GR 10 jusqu'au refuge des Cortalets (balisage rouge et blanc).

Suivre le chemin descendant sud-sud-est. Il franchit le torrent de la Llipodère à 1686 m et remonte vers l'est, fait deux grands lacets sous les pins, traverse le ravin des Sept Hommes. Il monte dans la forêt jusqu'au col Vert (1861 m) et s'élève ensuite en pente douce vers l'est.

1h15 Torrent de Cady 1964 m. Le sentier grimpe vers le nord-ouest, laisse partir plein est un cheminement conduisant directement au Canigou (par la cabane Arago, 2123 m).

Après avoir traversé la Mollèra Llarga, le sentier vire à l'ouest et devient presque horizontal.

2h15 Col de Segales 2040 m. Le sentier s'élève vers le nord-est, en douceur, puis redescend vers le col de la Jasse d'en Vernet (2040 m). Il vire à l'est dans le bois et s'aventure dans une zone très ravinée : les Conques.

Le sentier traverse ensuite un petit bois, franchit le ravin du Roc dels Isards et vire à l'ouest. Suivre les lacets et arriver à la Jasse del Py. Là, une piste forestière conduit vers le...

4h15 Refuge de Bonne-Aigue 1741 m, en contrebas de la piste (deux bat-flanc, 10 places, source à proximité, parfois à sec).

Continuer à suivre le GR 10, d'abord par la piste puis, cinquante mètres plus loin, par un sentier décrivant de nombreux lacets jusqu'à La Casteille (1966 m). Le boisement s'éclaircit. Le sentier franchit l'arête nord-ouest du pic Joffre à 2067 m et continue vers la fontaine de la Perdrix d'où part la voie normale du pic du Canigou.

Descendre vers le sud-est puis vers le nord-est, contourner un étang et arriver au...

6h15 Chalet-hôtel des Cortalets 2150 m.

REFUGE DE MARIAILLES (refugi de Mariailles)

Dans un site superbe dominant Vernet-les-Bains et le Conflent, ce refuge tout récemment construit par le SIPARC offre 50 places en dortoirs et une restauration de qualité. Il est gardé toute l'année par Marie-Josée Ordronneau. Le refuge de Mariailles est une excellente base de départ

de Mariailles aux Cortalets

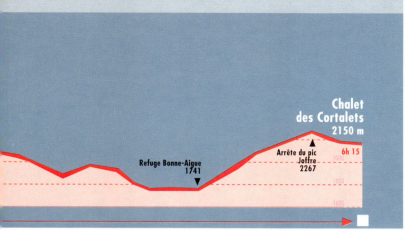

pour l'ascension du Canigou et des randonnées dans le massif et vers la HRP.
Refuge de Mariailles 66820 Casteil, tél. 09 32 95 40 et 68 96 22 90.
Fermeture annuelle en janvier.
Autres activités : VTT, randonnée équestre, ski nordique, ski de randonnée, raquettes...

Jusqu'au refuge depuis Vernet-les-Bains par Casteil et le col de Jou (D 116) puis par une piste carrossable assez difficile. Il est préférable de laisser la voiture au col. Il reste deux petites heures de marche par le GR 10.

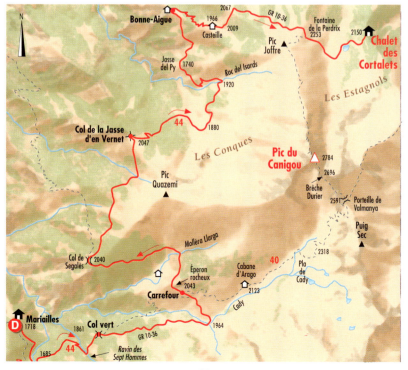

Carte de randonnées n° 10 Canigou, au 1 : 50 000. Carte IGN n° 2349 ET massif du Canigou, au 1 : 25 000.

Le tour du Canigou

Dénivelé 250 m

🏠 voir info refuge

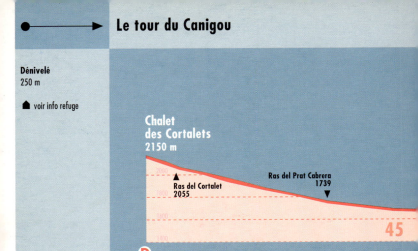

D _____ **Chalet et refuge des Cortalets** 2150 m. De l'arrière (est) du chalet, suivre la traverse qui descend vers le nord-est et parvenir en dix minutes au col des Cortalets, 2055 m. Emprunter vers le sud-est le « balcon du Canigou » jadis magnifique chemin de ceinture dont les quatre premiers kilomètres ont été transformés en route touristique en 1973.

1h00 Ras del Prat Cabrera (1739 m, replat sur un éperon). La route descend vers le nord. Suivre vers le sud-ouest le sentier qui glisse à découvert. Il franchit un ruisseau, un torrent, puis un autre ruisseau à 1663 m et un autre encore à 1659 m et entame vers l'est une longue portion presque horizontale, pendant quarante-cinq minutes. Après l'abri de Pinatell (1650 m, en bois, recouvert de tôles, 7 à 8 places) le sentier continue en courbe de niveau avant de descendre en faisant deux virages.

2h30 Maison forestière de l'Estanyol, 1479 m, solide construction pouvant servir d'abri (eau à proximité). Toujours net et balisé aux couleurs du GR 10, le sentier monte vers le sud avec quelques passages assez raides, dans la forêt. A 1600 m il oblique à gauche (sud-est). La pente s'atténue et la forêt disparaît aux abords du col de la Cirère.

3h30 Col de la Cirère 1731 m. Descendre le sentier vers le sud-est puis vers l'est jusqu'à une piste qui conduit aux mines de Batère.

4h00 Mines de Batère, 1500 m, reliées à Arles-sur-Tech par vingt-deux kilomètres de route.

CHALETS DES CORTALETS (xalet dels Cortalets)
Dans un site superbe au pied du Canigou, ce refuge appartenant au C.A.F. offre 110 places en chambres et dortoirs. Il est gardé du 15 mai au 15 octobre par Michel Taurinya, avec un service de restauration. Une partie reste ouverte en permanence. Les Cortalets sont une excellente base de départ pour l'ascension du Canigou et pour les randonnées dans le massif.
Chalets des Cortalets, 66500 Taurinya, tél. 68 96 36 19 et 68 05 63 57.

Voir carte pages 86/87

100

Carte de randonnées n° 10 Canigou, au 1 : 50 000. Carte IGN n° 2349 ET massif du Canigou, au 1 : 25 000.

des Cortalets à Batère

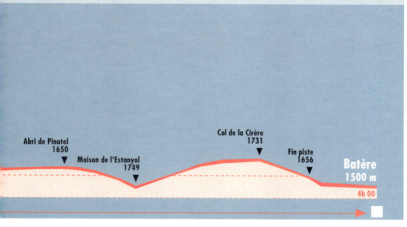

🚗 *Jusqu'au refuge depuis Fillols ou Taurinya par le col de Millères (D 27) puis par une piste difficilement carrossable. Mais il est préférable de se faire conduire en taxi depuis les villages de la vallée. Ou bien laisser la voiture au col de Millères et compter 3h45 de marche.*

Tour de Batère

Le tour du Canigou

Le tour du Canigou

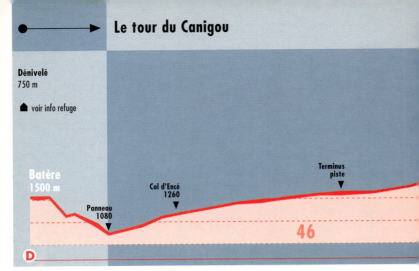

Dénivelé
750 m

🏠 voir info refuge

Batère 1500 m
Panneau 1080
Col d'Encé 1260
Terminus piste
46

D ▭▭▭▭▭ **Batère**. Quitter la route dans le virage (1460 m), cent mètres en amont du café-auberge-gîte. Derrière le hangar blanchâtre, emprunter un chemin herbeux horizontal prolongé par un sentier, lui aussi presque horizontal.

Panneau « La Riverette » : un sentier en lacet descend la croupe boisée, vers le sud-sud-est.

Après un replat, passer entre des noisetiers. Après une très légère remontée, atteindre le piton 1280 m.

Colet, 1260 m. Le sentier quitte la crête et descend à droite (sud-ouest) dans la forêt assez dense. Après un ruisseau (1170 m), le sentier continue vers le sud.

0h50 Un **panneau** 1080 m mentionne aux randonneurs circulant dans le sens inverse « Batera, 0h45 », ce qui est optimiste ! Mieux vaudrait dire « 1h ».

On ne tarde pas à traverser une forêt de mélèzes assez tassés.

1h30 Col d'Encé 1260 m où l'on rejoint une piste montant de Léca. L'itinéraire balisé la quitte juste après la barrière canadienne pour monter en lacet l'éperon situé au nord-ouest du col. Il est possible (voire tout simplement recommandé) de suivre la piste vers l'ouest pour s'éviter au moins 200 m de dénivelée. Du col d'Encé au terminus de la piste, compter quatre kilomètres, soit une heure de marche.

Du point coté 1525 m, poursuivre l'ascension de l'éperon vers le nord. Plus haut, virer à gauche, en épingle à cheveux, vers le sud-ouest. Suivre le sentier à découvert, et en légère montée.

A 1670 m, on amorce une descente qui précède une légère remontée. Puis le sentier descend à nouveau vers le riu Ferrer.

Un panneau indique « 0h05 Barraca del Faig » où ne passe pas l'itinéraire balisé. Descendre rive gauche, en gros vers le sud-sud-est.

3h30 Terminus 1440 m de la piste délaissée au col d'Encé.

Franchir la passerelle à l'ouest et suivre le chemin vers le sud en se méfiant des balises invitant à monter vers le nord à la cabane del Faig où, nous l'avons déjà dit, l'itinéraire ne passe pas.

Bifurcation (1400 m), une petite

de Batère à Saint-Guillem

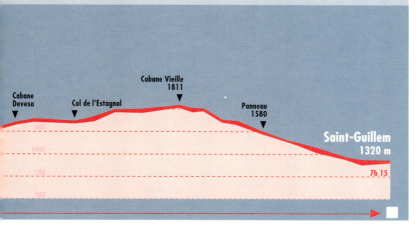

Les Roques Blanques sur le pla Guillem

Le pla Guillem

demi-heure après la passerelle. Un panneau sans horaire ni direction indique « Tour du Canigou » : monter à droite (sud) pendant un quart d'heure.
De l'éperon (1488 m), poursuivre la montée vers le sud-sud-ouest.

4h30 Passer sous la **cabane de la Devesa** 1659 m. Au sentier succède un chemin.
A 1673 m, le chemin fait un crochet vers la gauche pour franchir le ravin de la Font de l'Estagnol.

4h50 Col de l'Estagnol 1667 m où arrive de l'est une piste montant de la fontaine du Brigadier. Monter vers le sud-ouest par un chemin accessible aux véhicules 4 x 4. Au bout d'une dizaine de minutes, ce chemin fait place à un sentier.

5h30 Cabane Vieille 1811 m, construction métallique doublée de murs en pierre. Le tracé continue au nord-ouest, passe le ravin de la Congeste (1786 m) à cinq minutes. Peu évidente la sente file à flanc vers l'ouest puis le sud-ouest entre rochers et arbres brûlés.
D'ur. éperon (1750 m), elle descend au nord-ouest vers la Coumelade. Descendre sur la lèvre gauche de la bordure du torrent.
Traverser la Coumelade à 1677 m et, après une légère remontée, suivre un chemin vers le sud-est.

6h30 Panneau 1580 m indiquant « Coll de Serravernet, 0h45 ».
La journée étant bien entamée, il est possible de bivouaquer, de

continuer vers Les Estables ou de se rendre à Saint-Guillem, hors itinéraire du tour.
Pour ce faire, suivre la piste qui descend au sud-est. A une bifurcation (1350 m), aller à gauche (à droite : Cal Picoutous). La piste franchit la Coumelade.

7h15 Refuge non gardé de Saint-Guillem.
Abri sommaire, sans bât-flanc.

GÎTE D'ÉTAPE DE BATÈRE (Betera)
Dominant la vallée du Vallespir, cet ancien bâtiment des mines de fer de Batère offre 16 places en dortoir et 16 places en chambres de 2 à 4 lits avec sanitaire. Appartenant à la commune de Corsavy, il est gardé toute l'année par Marie-Claude Guisset. Restauration de qualité, demi-pension, pension complète. Batère est une bonne base de départ pour des randonnées dans le massif du Canigou ou vers le sommet.
Gîte d'étape de Batère, 66150 Corsavy, tél. 68 39 12 01.

Jusqu'au gîte, depuis Arles-sur-Tech, suivre la D 43 par Corsavy (19 km).

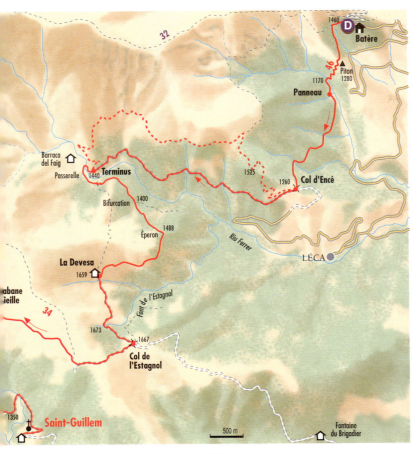

Le tour du Canigou

Le tour du Canigou

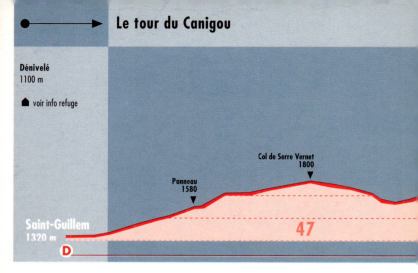

Dénivelé 1100 m

🏠 voir info refuge

D — **Saint-Guillem**. Reprendre en sens inverse la piste forestière suivie la veille et remonter jusqu'au...

1h00 Panneau 1580 m indiquant « Coll de Serravernet, 0h45 ».
Le sentier monte vers le sud-sud-ouest.
Au bout de dix minutes, à la bifurcation (1640 m), prendre à gauche.
A 1730, nous remarquons un important mur de soutènement.

1h45 Col de Serre Vernet 1800 m. Deux panneaux. Les Estables sont annoncées à une heure, ce qui semble un peu court : compter sagement 1h15.
Descendre dans l'herbe vers l'ouest pour trouver le sentier glissant à flanc en direction du nord-nord-ouest.

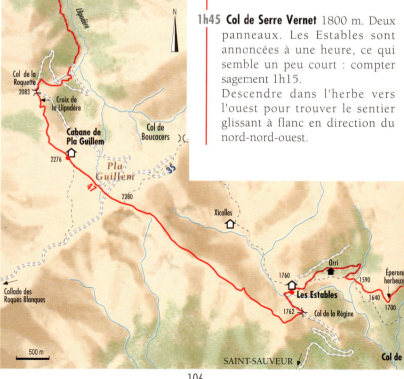

Carte de randonnées n° 10 Canigou, au 1 : 50 000. Carte IGN n° 2349 ET massif du Canigou, au 1 : 25 000.

de Saint-Guillem à Mariailles

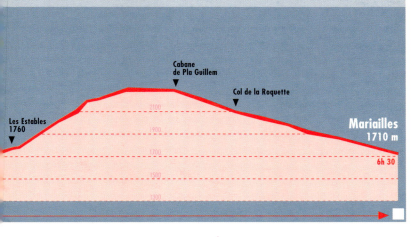

De 1745 m, il descend fortement pour franchir un creux de vallon (1730 m), puis un ruisselet avant de traverser une zone avec beaucoup de genêts.

Eperon herbeux (1700 m) que le sentier descend pendant trois minutes vers le sud avant de le quitter pour piquer à droite vers le nord-ouest et passer un creux de vallon (1640 m).

Après un autre creux de vallon très raviné (1590 m), continuer vers l'ouest. Au bout de cinq minutes, le chemin vire à droite (nord-est) et passe au-dessus d'un orri. A 1635 m, le chemin vire à gauche (ouest).

3h00 Les Estables 1760 m, abri pastoral non gardé, situé à moins de dix minutes du col de la Régine (1762 m) où arrive une petite route montant de Saint-Sauveur.

Descendre au col de la Régine. Prendre à l'ouest le sentier qui s'élève sur l'éperon, d'abord un peu à flanc et ensuite sur le faîte, vers le nord-ouest.

On atteint le rebord du plateau (Pla Guillem) à 2280 m. Filer vers le nord-ouest et traverser une piste montant de la collade des Roques Blanches.

5h00 Cabane de Pla Guillem 2276 m, et, cinquante mètres au nord, abri de 12 places.

Continuer vers le nord jusqu'à la croix de la Llipodère, au col de la Roquette où passe la piste venant de Roques Blanches. Celle-ci descend dans le vallon à l'est en effectuant quelques lacets que l'on peut couper. Suivre cette piste ensuite jusqu'à...

6h30 Mariailles 1710 m.

Le tour du Canigou

La Ronde du Canigou

Itinéraire praticable de mai à novembre (un passage à 2400 m « contrarie » un usage hivernal), la Ronde du Canigou parcourt le piémont du massif, de village en hameau, en six journées de marche. Sans doute moins spectaculaire que le Tour du Canigou, elle n'en demande pas moins de bonnes qualités d'endurance et d'orientation.

Proposition de découpage en six étapes :

1. De Batère aux Estables : 6h30 environ.
A l'arrivée : refuge non gardé.

2. Des Estables à Las Conques : 4h00 environ.
A l'arrivée : Rando'Plume 12 places à la Maison de la Réserve naturelle de Prats-de-Mollo (68 39 23 49 ou 68 39 76 52).

3. De Las Conques à Py : 5h30 environ.
A l'arrivée : gîte d'étape 16 places (68 05 58 38 ou 68 05 66 28). Ravitaillement.

4. De Py à Vernet-les-Bains : 4h45 environ.
A l'arrivée : gîte d'étape 32 places (68 05 53 25). Nombreux hôtels, restauration, ravitaillement.

5. De Vernet à Baillestavy : 7h15 environ.
A l'arrivée : gîte d'étape 20 places (68 05 93 78).

6. De Baillestavy à Batère : 5h00 environ.
A l'arrivée : gîte d'étape 32 places (68 39 12 01). Restauration.

Pour avoir de plus amples renseignements sur la Ronde du Canigou, s'adresser au Cimes-Pyrénées, BP 24, 65420 Ibos (tél. 62 90 09 92, fax 62 90 09 91).

Sédum de De Candolle

Info rando, info montagne ?

Questionnez le CIMES-PYRENEES

Le Cimes-Pyrénées (Centre d'Information Montagne Et Sentiers, de Randonnées Pyrénées), service unique dans les Pyrénées, répond gratuitement à toutes vos questions sur la randonnée à pied, à cheval, à ski, à raquette, à vélo, et sur tous les sports de montagne (escalade, VTT, canyonisme, canoë-kayak, parapente, spéléologie...), sur les deux versants des Pyrénées.

De plus, le Cimes-Pyrénées met à votre disposition :

. Plus de 800 adresses d'hébergement en montagne : refuges, gîtes d'étape, Rando'Plume (gîtes d'étape nouvelles normes), etc.
. Les coordonnées de guides et d'accompagnateurs, de prestataires de randonnées équestres, d'escalade, de canyonisme, de VTT, de parapente, de stages organisés, de séjours accompagnés, de librairies spécialisées, etc.
. Un service de conseils personnalisés pour vos itinéraires, vos activités, vos séjours en montagne.
. La cartographie complète des deux versants du massif.
. Des fiches de présentation des grandes randonnées : GR 10, GR 11, Sentier cathare, Haute Randonnée Pyrénéenne...
. Tous les guides de promenades et de randonnées du massif pyrénéen et tous les ouvrages sur les Pyrénées.
. Un service de vente par correspondance de plus de 4200 titres.

Le Cimes-Pyrénées est ouvert de 9h à 12h30 et de 14h à 18h30, du lundi au vendredi.

Centre d'Information Montagne Et Sentiers
BP 24, 65420 Ibos -Tarbes
Tél. 62 90 09 92 - Fax 62 90 09 91

Marmottes

Cartes de randonnées au 1/50 000

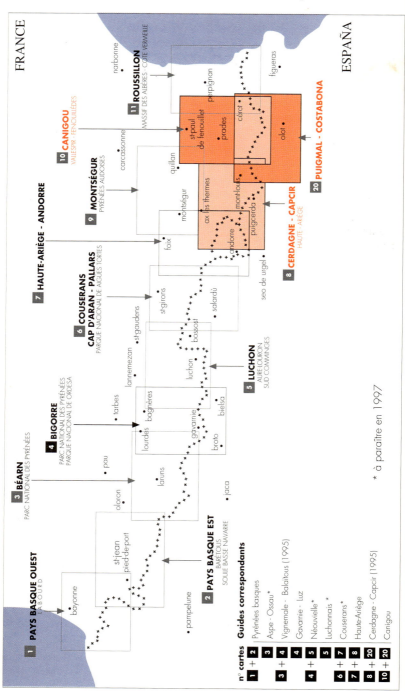

le Guide Rando et vous

La collection Le Guide Rando mise au point par Rando Éditions marque l'avènement d'une nouvelle génération de guides de randonnées. Outils de lecture de l'itinéraire originaux et accessibles à tous (carte et profil), mise en page aérée d'un texte précis et en correspondance avec les éléments visuels, iconographie de qualité, système de façonnage innovant offrant une grande maniabilité de l'ensemble. Sans oublier une procédure novatrice d'appréciation des niveaux de difficulté, permettant à chacun de mieux choisir sa course.

Le Guide Rando n'est pas pour autant exempt de faiblesses, de lacunes et autres imperfections. Aussi souhaitons-nous établir avec vous un dialogue fructueux afin d'améliorer les publications à venir... et pour mieux vous connaître.
En la circonstance nous vous demandons de bien vouloir répondre aux quelques questions ci-dessous, ce dont nous vous remercions. (De préférence faites une photocopie de cette page, le papier couché se prêtant mal à l'usage du stylo.)

Quel (s) guide (s) Rando avez-vous déjà utilisé (s) ?

....

Comment avez-vous connu cette collection ?
❑ presse   ❑ amis   ❑ réseau commercial   ❑ autres (préciser)

Etes-vous plutôt
❑ promeneur   ❑ marcheur   ❑ randonneur   ❑ randonneur expérimenté

Utilisez-vous des cartes au
❑ 1 : 25 000   ❑ 1 : 50 000   ❑ Pas de carte

Par rapport aux autres guides existant sur le marché, trouvez-vous le Guide Rando

	de meilleure qualité	de qualité égale	de moins bonne qualité
. Itinéraires et descriptifs	❑	❑	❑
. Cartes et profils	❑	❑	❑
. Mise en page et illustrations	❑	❑	❑
. Fabrication et reliure	❑	❑	❑

Vous êtes âgé de :
❑ Moins de 25 ans   ❑ De 25 à 34 ans   ❑ De 35 à 44 ans
❑ De 45 à 54 ans   ❑ De 55 à 64ans   ❑ De 65 ans et plus
Si vous n'aviez qu'une suggestion à nous faire, ce serait :

RANDO EDITIONS : LES EDITIONS DE RANDONNEES PYRENEENNES
© RANDONNEES PYRENEENNES S.A. BP 24 65420 IBOS TARBES
LES GUIDES RANDO ® : MARQUE DEPOSEE
TOUTE REPRODUCTION, MEME PARTIELLE, DES TEXTES,PHOTOGRAPHIES,
CARTES ET GRAPHES, INTERDITE SUR TOUT SUPPORT.
DEPOT LEGAL : AVRIL 1996
ISBN : 2-84182-004-1

EDITION JEAN-LUC CHESNEAU – CONCEPTION MISE EN PAGE JEAN-MICHEL DESPERT/NBH
PRO-CREATION – CARTOGRAPHIE JEAN-FRANÇOIS DUTILH – PHOTOGRAVURE L'IMAGERIE
EUROPEENNE – IMPRIME SUR SATIMAT 170 GRAMMES D'ARJOMARI PAR FOURNIE IMPRIMEUR
(TOULOUSE) – FAÇONNE PAR LA SIRC

CREDIT PHOTO
JOEL ARNAUD : 33,74, COUV. IV / JEAN-PHILIPPE ARLES : 27, 30, 101 / ALAIN BOURNETON :
31, 59, 82 / PIERRE DRILLAUD - API : 1, 15, 20, 52, 54, 55, 57, 61, 63, 66, 71, 76, 88, 90, 93, 97, COUV. I (2)
JEAN NOGRADY - R.P. : 43, 84, 85, 91 / PAUL PALAU : 2, 3, 14, 23, 39, 41, 46, 47, 48, 78-79, 103, 104,
RABAT (2), COUV. I / MARCEL SAULE : 6 (2), 108, RABAT (2) / JEAN-PIERRE SIREJOL : 109 / D.R. : 38